神社新報ブックス　23

わが神主道の足跡

—佐古一洌遺文集—

学校法人皇學館編

はじめに

『わが神主道の足跡　―佐古一洌遺文集―』刊行にあたり

皇學館大学学長　河野　訓

令和二年四月二十三日、佐古一洌大人命が静かに身罷られてはや一年、氏の遺された講演録や文章を手にするとき、どれを見ても、あらためて生前の在りし日の佐古一洌前理事長の語り口が思ひ起こされ、篤実でありながらも痛快に生きてこられたその姿が如実に感じられます。

涙雨のなか、令和三年三月二十一日、京都・グランヴィアホテルに於きまして四百五十名にも近い参列者を迎へ、前理事長への敬慕の念にあふれる一年祭が斎行されました。この時には氏の各所でのご活躍を思ひ起こすよすがとなる遺稿集もまとめられました。しかし、それを読まれた諸氏から、あれもあったはずだ、これもあったはずだとありがたい異論が噴出し、この度、このやうなより一層充実した遺文集を刊行する運びとなりました。

この遺文集には、ご母堂佐古幸嬰氏ゆづりの神道講演の数々、神社新報に掲載された論説や随筆、書評などが収載されてゐる。収められた一編一編をお読みいただくと、誰しもが自分の知らなかった前理事長の一面を知り、ますます懐かしく感じられるに違ひありません。

心底から学究の徒であるにも関はらず、それを曖《おくび》にも出さずにユーモアを交へてご指導いただいたこと、またお酒をこよなく愛され、飲めば飲むほどに嬉々として盃を重ねられたことなど、佐古前理事長の思ひ出は尽きることはありません。また、その言動から学ばせていただいたことも数限りありません。多様な価値観が存在し、進む方向も見通せない現代にあって、皇室への敬愛の念、神宮への崇敬の念を深く心にとどめ、先見の明をもって皇學館を導いてこられた佐古前理事長に心より感謝申し上げ、遺文集刊行にあたってのあいさつの言葉といたします。

遺文集発刊にあたりましては、神社新報社の皆様、また特に神職養成部長の秦昌弘様に大変御尽力いただきました。御協力頂きました皆様に厚く御礼申し上げます。

目次

（一）神道講演

(四) 随想

(五)「神社新報」読書・書評

#（一）神道講演

母を語る

誠に手前味噌、内輪身内の話で恐縮かつお聞き苦しい点もあらうかと存じます。敢へて亡き母についてお話をさせていただきます事をお許し下さい。

十億の人に十億の母あるも　わが母に優る母ありなんや

といふ歌がありますが、それぞれ己が母親に対しては、いとほしさ・有難さも一入であらうかと思ひます。

母は、山口県岩国市今津町に鎮座の宇津神社宮司佐古吉浦・しづの長女として、明治三十八年七月三日に生まれました。母の父は若い頃、厳しい神道修行を経て人並み優れた霊感の持主でもありました。

郷里山口は、所謂社頭講話の盛んな土地柄でありまして、母は幼い頃から女性ながらも人前に立つ講師になりたいとの一心で、昭和五年二十五歳の時、山口国学院特設神道講演研究部に入学し、当代随一の大家渡辺武清先生に教へを受けたのであります。

かくして、やうやく一人立ち出来た頃の或る日、福岡県椎田町へまゐりました折、汽車から降りた母があまりにも若くしかも女性であった為、出迎への人々は面喰らったやうで、会場に案内されてもなかなかお呼びがかかりません。それもそのはず、「あんな小娘に話が出来るのか」と、町の主立った人達が額を付合はせての相談。結局もし駄目であったら、町長が代はりに話をすると決まり、母はやっと壇上に立つことが出来ました。

皆さんもご承知の通り、見事に講演を畢へた後、町長さんが駈け寄り「上田胤比古、一生一代のご無礼をしてしまひ面目ありません。貴女により人は外観で判断してはいけない事を骨の髄まで教へられました。」と素直にあやまられたのであります。爾来この上田先生のご推挽で、順調に巡講地域も拡がっていったのであります。


戦前戦後を通して神道講演一筋に七十有余年間、全国各地を行脚した母でありましたが、一年のうち家にをります日数は延べ一ヶ月から二ヶ月位であったでせうか。

家庭での母は、家事・裁縫・炊事・洗濯等々、普通の主婦なみか否それ以上をこなす〃明治の女〟でありました。特に料理は、各地でご馳走を戴くこともあって、見やう見まねで工夫しつつ私どもに食べさせてくれ、そして何よりも正月・節分・節句・花見・七夕・月見・紅葉狩り、子供の誕生日といった節目を大切にし、思ひ出づくりをしてくれたのであります。それは日頃留守がちの親としての、子供達への罪ほろぼしではなかったかと思ひます。

又母は朝早く起き、夜遅くまで家事のかたはら、手紙・読書・講録づくりををさをさ怠らず励んでをりました。そして何よりも旅に出ましたら、夜行・鈍行三等列車の中が母の仕事の場であり、又安らぎの一刻でもあったかと思ふのであります。

母は遺言の歌七首を残してをります。そのうち三首は全て、「日の本の国に生まれし民なれば」から始まり、下の句は、「すめらみことを仰ぎ奉らむ・日の丸揚げて国を祝はむ・声高らかに国歌うたはむ」であります。戦中最愛の夫を亡くして後は、祖国日本をその夫として〃尊皇愛国〟の道を説き来たったのであります。残り遺言歌のうち二つは、

老ひの坂越せば越す程神ながら　正道ふかき尊さを知る

人の道世のなりはひを一すぢに　説きていつしか米寿迎へり

でありました。母は一人の女性として娘・妻・母・未亡人・姑の体験を通して、〝敬神崇祖〟を柱とした『庭のをしへ』たる人の道神の道を、多くの人々に披歴し続けたのであります。
正しく母は、日本古来の正道を言霊の力で雄々しく、言挙げしつつ雄叫びを重ねた昭和の、そして平成の語り部でありました。しかもそれは、「至誠にして動かざるものは未だ曽って是あらざる也」の至誠と、「千万人と雖も吾行かん」との確固不屈の信念に裏打ちされた語り部でありました。

生前母は、テレビの時代劇例へば銭形平次・遠山の金さん・大岡越前などを好んで見てをりました。水戸黄門もその一つであります。
その黄門のみちのく編で、上杉藩内山形の紅花をけなげに栽培する農民を、一行が悪代官から助ける話がありましたが、テレビの最後の画面に、
花は死んでも紅は死なない　人は死んでも夢は死なない
と言ふタイトルが出てまゐりました。
吾が母は身罷ってしまひましたが、子たる私の胸の中に、又多年に亘りご昵懇をいただ

きました皆様のお心の中に、いつまでも生き続けるものと確信して止みません。そして、母や優れた先人のめざした〝日本国家再生〟といふ大きな夢実現の為に、同志の皆様と共に力を合はせて邁進してまゐりたいと存じます。

（『講話集伊予の雄叫―第十六回全国研修大会―』平成13年刊）

生命の限りGOGOGO！　―不死と再生の秋―

皆さんは『杯蛇の厄』という中国の故事をご存知でしょうか。

昔、楽広という人に親しい友人がおりましたが、暫く顔を見せません。偶々道で会った折、その訳を尋ねましたところ、「実は先日君の家で酒を戴いた。その時杯の中に小さな蛇がいたようだが、棄てるのは失礼だと思って飲んだけれども、以来気分が悪くなってついに寝込んでしまった。」と言います。そこで楽広は「もう一度私のところにおいでなさい」と誘い、同じ場所に連れて行き杯を与え酒を注ぐと、又しても蛇が見えます。しかしよく見ると、座席の壁上に懸けた弓が映ったもので、その理由が判り友人は、即座に病いが癒ったというのであります。

これを〃気から得た病〃と申しますが、我々も追々経験することであります。ところで弓と言えば、今年二月私は豊作を占う神事に備え弓の練習をしておりました時、にわかに左手足が痺れて歩行困難に陥ってしまいました。そして左半身不自由の脳梗塞に見舞われ、三週間の入院生活を余儀なくさせられたのであります。二月廿五日に倒れ、廿六日に入院した故これを私の二・二六事件と申します。我国の二・二六事件は国体を護持し得ましたし、私もなんとか肉体を護持することが出来ホッとしております。

さて本年は巳歳。日本産の蛇には、青大将・シマヘビ・ヤマカガシ・マムシ・ハブ等がおります。そして蛇には毒を持つものと、そうでないのとがありますが見分け方をご存知でしょうか。まず簡単な方法は、蛇に噛まれてみる事です。それがいやなら、その蛇に「お前は毒を持っているか?」と聞くに限ります。蛇で「イエス・アイ・ハブ」と答えた奴が、毒を持っていますのでご注意を。

今一つジョーク。私のような酒飲みの亭主と女房との会話。

〃お父さん、今夜のビール、小ビンにします?中ビンにする?〃

〃いや、ダイジャ。〃

古来蛇は、神として或いは神の使者として崇拝されてまいりました。その根本的な理由は、①外形が男根相似から生命の根源として、②脱皮による生命の更新、すなわち永遠の生命体として、③一撃で獲物を倒す毒を持つ、無敵の強さとしてであります。

こうした点から、〃不死と再生の象徴《シンボル》〃が蛇と言うことになります。実は私は巳歳で、しかも今年還暦を迎えました。そして脳梗塞で倒れましたものの、幸運にも文字通り不死と再生を経験したのであります。

○

今日本の世情は、混乱・低迷致しております。政治が悪い・経済が悪い・社会が教育が悪い。そして私の顔が根性も悪い。いいのは、皆さんの懐具合だけであります。昨今青少年の凶悪犯罪が多発し、特に十七歳の少年がキレ易いと言われています。昔押売りの撃退法は、玄関先に「我家に猛犬おり」の名札を掲げて置くと良かったのでありますが、今は「我家に十七歳の少年おり」が良いようであります。

その十七歳と数字を逆にした七十歳との違いは何か？というクイズがありました。ご披

露しますと

①心が不安定なのが十七歳。
　足腰が不安定なのが七十歳。
②偏差値を気にするのが十七歳。
　血糖値を気にするのが七十歳。
③自分は高校生というのが十七歳。
　親に孝行せいというのが七十歳。
④意見が噛み合わないのが十七歳。
　入歯が噛み合わないのが七十歳。
⑤人の忠告を聞かないのが十七歳。
　人の忠告を聞こえないふりをするのが七十歳。
⑥学園の話をするのが十七歳。
　霊園の話をするのが七十歳。

考えて見ますと、十七歳と七十歳は丁度おじいさんおばあさんと孫の年代。その間には父や母があります。この親子三代は、血がつながり、生命がつながり、心もつながっておりります。

かの『教育勅語』には、人の歩むべき道として「父母ニ孝ニ、兄弟ニ友ニ、夫婦相和シ」とまず家庭内の道徳から説かれております。かく見ます時、人間生活の根源・道徳の基礎は、お父さんありがとう！お母さんありがとう！の感謝から始まるのではないでしょうか。そして全ての人々が仲睦まじく愛し合い、助けあいしあわせに暮してはじめて、平和な家庭、平和な社会・国家・世界が築かれるのであります。つまり『教育勅語』の究極のご理想は〝平和〟にあるのであります。現代にも通じる素晴しい教えである、と申しても過言ではありません。

○

所謂文化には、大きく分けて二種類あると言われます。それは〝知的文化〟と〝情的文化〟です。知的文化は別に、知識と技術の文化つまり頭の、科学的文化であり、これは人類発生以来日進月歩、殊に近代以後は長足の進歩を遂げて今日に至っております。

一方情的文化は、俗に情緒・心と霊・礼の文化と言われます。すなわち道徳・信仰・芸術の分野で、これらは退化荒廃はあっても、なかなか進歩しないとの事です。

又先の知的文化を父型、情的文化を母型と把えることも出来、ある学者は、日本人の目は、いつも父（知識・技術の文化）に向いているが、日本人を健全にするのは母の血（心と霊・礼の文化）である。

と申されています。

又かのフランス人オリヴィエ・ジェルマントマ氏は、『日本待望論』の中で日本の皆さんは、人類史上最上の精神文化の継承者です。……不幸にして一敗地にまみれたとは言え、まさに奇跡としか言いようのない努力を傾注して世界第二位の経済大国を建設されました。

ならば、なぜこの気概をあらゆる領域で積極的に発揮しようとなさらないのですか。

と、我々日本人を鼓舞し、覚醒をうながしてくれています。

かつて日本が誇る〝武士道〟を、世界に紹介・顕彰した新渡戸稲造は『武士道』という著書の冒頭文に、
武士道をはぐくみ育てた、社会的状況は消え失せて久しいが、昔あって今あらざる遠

き星が、なお私たちの上にその光を投げかけているように、武士道はいまなおわれわれの頭上に光を注ぎつづけている。

と述べております。この〝武士道〟を更に『教育勅語』に置き替えても、勿論同様でありましょう。

今我国は混沌とした世相。かの蒙古襲来・明治維新・敗戦に続いて〝第四の国難〟とまで叫ばれております。しかし本年は幸いにも巳歳、即ち〝不死と再生の秋〟であります。そして我日本には有難き哉！かつての「武士道」が、かつ又「教育勅語」があり、心と霊・礼の文化があります。これを誇りとし、受け継ぎ実践して神国日本の不死と再生を計り、道ある世を築いて未曾有の国難を乗り切ろうではありませんか。

（『講話集白嶺―第十七回全国研修大会―』平成14年刊）

うまし世に生まれて

今年は午歳《うま》です。「うま」と言うコトバは、全ての褒め言葉で例えば日本をうまし国と言い、皆さんのような美男・美女をうましおとこ、うましおみなと申します。もっとも今日は、その例外もおられるようですが……。

ご承知のように、馬は足が長く頸も顔も長い、但し皆さんと違って鼻の下は短い。その性格はと言いますと、警戒心或いは恐怖心の強い動物で、反面おとなしく素直で愛情をもって扱えば、飼い主を信頼し命令によく従う馴染み易く飼育し易い動物。丁度私の女房みたいなものです。しかし油断をすると足で蹴られるので、注意を要します。

馬は人間の乗り物、と同時に神様の乗り物でもあります。従って神社に奉納されますが、やがて木で作った馬更に板に描いた馬が登場します。これが絵馬の始まりです。現在絵馬にはいろいろな願い事が書かれますが、その願い事の傾向はと申しますと、1健康。2合格祈願。3家庭円満。4結婚。5幸福。6仕事。の順になります。特に男性は、合格や就職そして仕事上の成功、厚かましいのは宝くじ・競馬競輪の金銭獲得祈願です。女性のほうは純真そのもので、恋愛・結婚・妊娠・安産・子育てです。そして総じて女性の半数近くが、家族や恋人など自分以外の幸せを願い、心広く思いやりがあります。一方男性の七割が自分のみの願い事を記します。これを称して自己チュウと言うのでありますが、私は家では亭主関白、神社ではワンマン宮司で、蔭で愛称コマッタちゃんと言われております。娘がいつも言うのですが、「お父さんは自己チュウで、頭が禿げているからピカチュウだ。そして大酒のみのアル中だ」と。この自己チュウ・ピカチュウ・アル中の三つを揃えて何というかご存知ですか？　〝サンチュウ　ベルマッチ〟と申します。

○

さて、今年がうま歳だからではありませんが現在、我々は史上最高の『うまし世』の時代に生かされております。すなわち衣・食・住どれをとっても快適・便利・豊富であります。戦後間もない昭和二十二年の香淳皇后様のお歌に、「身にまとふ衣だになきひとびとにからくもふれる秋の夜の雨」があります。当時は、食べる物・住む家・着る着物も満足にありませんでしたし、巷には親を失った可哀想な戦争孤児があふれていました。それを思うと、まさに隔世の感が致します。

今や人間の寿命は延び、栄養状態は良すぎる程良い。車はもとより新幹線・ジェット機の超高速の輸送手段、通信は携帯電話・インターネットの時代、かつての三種の神器テレビ・冷蔵庫・洗濯機は全家庭に普及し、冷暖房完備の日常生活。そして余暇・娯楽・スポ一ツなんでもござれ。加えてうまい酒は飲み放題、但し金さえあればの話。

かつて十九世紀は、結核や腸チフスなどの伝染病が蔓延、高い幼児の死亡率を示し、最高の乗り物と言えば馬車。夜は蝋燭や行灯の明かり、週七十二時間以上の労働、そして夜空に星を仰ぐ屋外便所の時代でもありました。この百年の間になんと、それ以前の二千年よりも多くの発明がなされたと言われますし、現代は一万年前の農業の革命つまり農耕の始まりと、二百年前の産業革命に次いで人類史上三番目の大きな転換期に立っております。しかしこれを、正直に喜ぶことはできません。

所謂『ローマ白書』では、人口の増加・エネルギーの枯渇・食料難・環境汚染を指摘かつ警告し、特に今日自然破壊や地球温暖化がとみに進んでいます。〝風もお日様も川もゴミを出さない　雨も雪も雲もゴミを出さない　雀も鳥も鶯もゴミを出さない　動物の排泄物は植物のご馳走で草木が育つ　植物の排泄物は動物のご馳走でみんな喜ぶ　残念だが人間だけがゴミを出して地球を毀す〟我々人間は、生活廃棄物・産業廃棄物やフロンガス・ダイオキシンと言った有毒ガス果てはお尻からも臭気ガスを出します。地球で一番の悪質な害獣、それが人間であります。

今や「地球」そのものが一個の生き物と認識されています。地球と人間はお互い奇跡的な生命体同士で、人間社会が健全ならば地球も健全でその逆も又真という事になります。故にオゾン層が破壊され、大気汚染・森林破壊・環境破壊・温暖化が進めば、生きとし生ける生物・人間そして地球そのものも絶滅、〝さよならだけが人生〟と相成るのであります。

天才天文学者ホーキング博士は「限りない全宇宙で、この地球なみに文明の発達した星の数はおよそ二百万程ある。だがしかしどんな星でも、地球のように文明が進みすぎると、その星は極めて不安定になり加速度的に自滅してしまうのです。」と予言しております。そして、東京都知事で小説家でもあります石原慎太郎氏は「自分は物書きの直感でしかいえないけれども、人類はあと六、七十年しか持たないのではないか。」と言われています。我々人間は、現代の類い稀れに恵まれた『うまし世』に感謝すると共に、厳しい地球の未来を謙虚に受け止め、人類の英知を結集して『うまし国のよき地球』を後の世まで子孫に残し伝えて行きたいものであります。

その為には、吾神道のご登場を願わなくてはなりません。しかし丁度時間となりました。

制限時間のベルも鳴りました。それでは皆さん、この続きは次回のお楽しみ。以上で「神道が地球を救う」前編を終わらせていただきます。

（『講話集肇国の誓ひ―第十八回全国研修大会―』平成15年刊）

われら皆　同胞《はらから》

消えし子よ　残せるサボテン花咲けり　かく小さくも生きよと願う

この歌は、北朝鮮に拉致された横田めぐみさんの母上早紀江さんが詠まれたものである。北朝鮮から韓国に亡命した元工作員の目撃談によると、めぐみさんは、当時「お母さん、お母さん！」と毎日叫び続け、部屋の出入口や壁などを引っ掻いたので爪が剥がれそうになり血だらけだった、と言う。

親子が突然無惨にも引き裂かれる。最も悲しい事であります。この〝拉致〟で思い浮かぶものが、日本に古くから語り伝えられてきた、大変悲しい物語に『山椒大夫』があります。

〇

東北のある地方で幸せに暮らしていた一家の夫が、西国へ行ったきり連絡が途絶えてしまい、健気にもその妻と子供二人が父を訪ねて旅をするところから物語は始まります。

そして、旅の途中越後の国で恐ろしい人買いにかどわかされ母と子が無情にも引き裂かれ、子供の安寿姫と厨子王丸は丹後の由良に屋敷を構える山椒大夫という者に買い取られます。そこで姉弟は大層な苦労を重ねますが、或る時屋敷から逃げ出す事を計画します。そして無事厨子王が逃げたところを確かめた姉の安寿は、海へ入り自ら生命を絶ちました。

一方厨子王はようやく都へ上り、神仏の加護を得て高貴な人にとり立てられ出世を致します。やがて母が売られたという佐渡島に渡り、母を探しました。

厨子王は、とある百姓家の広庭で筵《むしろ》の上に粟穂をひろげて鳥打ちをしている、みすぼらしい老婆に出会いました。その盲目の老女は、何かぶつ〳〵とつぶやいている。耳を澄ましてよく聞くと、

安寿恋しやほうやれほ
厨子王恋しやほうやれほ
鳥も生あるものなれば

疾《と》う〳〵逃げよ追わずとも

厨子王はその老婆が長年探していた母であることを悟り、駈け寄って涙の再会を果たしたところで物語は終わります。

我々日本人は、この物語を通して親子の絆の固さ、人の心の悲しみを感じ取り又培って来たのであります。

『山椒大夫』は、苦難の末母子は再会を果たし、ハッピーエンドとなりましたが、北朝鮮に拉致された多くの人々が肉親と再会すること叶わず、安寿姫の如く絶望と辛苦のまゝ異国で落命したことは、誠に痛ましく憤ろしい限りであります。

この北朝鮮拉致事件を我々多数の日本人が、数十年間無視もしくは矮小化して来ました。かつて皇后陛下は、この事件が明るみに出た時、「驚きと悲しみと共に無念さを覚えます。何故私たち皆が、自分達共同社会の出来事として、この人々の不在をもっと強く意識し続けることが出来なかったか、との思いを消すことが出来ません。」と極めて根源的なお問いかけをなさっておられます。

ある物事が、他人事ながらもはや決して他人ごとでは済まされぬという認識、と言うよりも共感。その根底にあるものは、生命・血肉を分けた家族。更に自らが同じ祖先、歴史・文化を戴いて来た国家と民族に属しているのだという強い連帯感であります。我々人間はいつ如何なる時も、どこかに所属しなければ生きて行けないのであります。それが家族であり、国家であり又民族でもあります。

あの拉致問題を通して、戦後この方久しく蔑ろにし、忘れかけていたものに我々ははっきりと気付き、目覚めた思いが致します。

それは、日本人・日本国・日本民族の運命共同体たる同胞感、すなわち皆〝はらから〟と言う何よりも大切なかつ重い真実であります。

(『講話集剣のこころ—第十九回全国研修大会—』平成16年刊)

親孝行したい時に親はなし

今時代は、大きく変わりつつあります。現代っ子の一番好きなことわざは〝棚から牡丹餅〟、反対に一番嫌いな諺は〝石の上にも三年〟だそうです。どうやら子供たちは楽をして安すきにつき、我慢・忍耐が苦手のようです。

又世相が変わったことのひとつに、親孝行があります。昔「親孝行したい時に親はなし」でしたが、今は「親孝行したくないのに親がいる」です。数年前NHK全国作文コンクールの最優秀作に選ばれたものに、荒木忠夫さんの『心の中のふるさと―天草島』があります。この作文は〝親孝行〟の大切さをしみじみと感じさせられる実話であります。その概要をご紹介致します。

私が少年時代の頃、天草の島はどこも貧しかった。私の家は零細の農家で八人兄弟。姉も兄も中学卒業と同時に島から出て行った。口減らしのためだ。

中学一年生のとき春の遠足があった。待ちに待った遠足の朝、母が悲しそうな顔をして私に弁当を渡す。弁当の中身はサツマイモだけだと告げる。蚊のなくほどかすかな声で「かんべんして」といったようだ。母は目に涙をふくませながら私の手を強くにぎって離さない。母の手はブルブルとふるえている。

私は母をののしり、母の手をおもいっきり振り払った。その反動で母はよろけた。でも私は母にかまわず泣きながら走った。しばらく走ったところで後ろを振り返ってみた。母は地面に泣き伏していた。

遠足の弁当の時間、私は天神山の山頂の藪の中にいた。クラスのみんなが私をさがしている。その声を遠くに聞き、私は藪にひそんでいた。空腹には勝てず私は泣きながらイモをかじった。自分の涙でイモがびしょぬれになっているのがなさけなかった。

家に帰ってからも私は母をののしり責めた。母がどれほどつらい思いをしているかなど、中学一年生の私には理解できなかったのだ。

中学三年生になり、高校進学を間近にひかえた頃、担任の先生の勧めもあり、私は島の高校ではなく、熊本市内のＫ高校を目ざしていた。そのため必死になって勉強もしてきた。

十二月のある日、父と母は私をいろり端に坐らせ「熊本の高校はあきらめてくれ」と告げた。「おまえを熊本に下宿させる費用がない。島の高校ならなんとかなる。島の高校でがまんしてくれ」と両親は私に頼みこむ。

私は父と母を大声で罵倒した。それ以来、私は家族の誰とも口をきかなくなった。あんなに熱を入れていた勉強もほっぽりだした。重苦しい毎日が続いた。そして年が明けて元旦となった。

島を離れ、社会人として働いている姉と兄が帰省してきた。毎年、家族全員で行なっている初詣にも私は参加しなかった。元旦の朝からふとんをかぶって寝ていた……。

目をさますと、まくらもとに十枚たらずの年賀状が置いてある。いちばん下にあった年賀ハガキを見て私はドキンとした。同じ家に住む母からのものだった。ハガキにはこう書いてあった。

「おまえに〝明けましておめでとう〟というのはつらい。でも母さんは、おまえが元旦の日に家族の前で笑いながら〝おめでとう〟といってくれている夢を何度もみたよ。おまえがまだ小さい頃、おまえが泣き出すと、母さんは子守唄を歌っておまえを泣きやました。でもいまはもうおまえに歌ってやれる子守唄がない。どうしたらいいのかわからない。母さんはほんとうに困ってるよ。こんどはおまえのほうから母さんに〝親守唄〟を歌ってほしいよ」

ハガキを読み終えた十四歳の私は、大声をあげて泣いた。中学三年生の反抗期の私に向けて母が歌ってくれた〝心の子守唄〟だったのだ。

このとき、はじめて私は親の気持ちがわかった。私は、とび起きてふとんをキチンとたたんだ。申しわけないという気持ちでいっぱいになった。

あれから二十年ほどの歳月が流れた。私は結婚をして子どももできた。両親は島で元気にくらしているようだが、しばらく会っていない。

ある晩、中学三年生になる我が家の長男がつむじを曲げた。ささいなことが原因だ。長男は「お父さんもお母さんもボクのことなんかわかってくれないんだ！」と大声で私たちをののしり、自分の部屋へこもってわんわんなきだした。私は自分の少年時代を想いだした。こうして何回となく親にくってかかったものだ。

そういえば、あんなにめんどうをかけた親にろくに親孝行をしていない。「子をもって親の恩を知る」という諺があるが、いまの私はその心境である。

荒木さんの作文の要旨は以上ですが、後日談があります。ご両親は最優秀作に入賞した荒木さんの作文の朗読をＮＨＫテレビで見ていたのです。ご両親は大声をあげて泣いたそうです。お父さんが泣いたのはこのときがはじめてだそうです。苦しかった、悲しかった昔を想い出すと感動の涙がとめどもなく流れてしまうのでしょう。

荒木さんは、すばらしい親孝行をしたと思います。

父母死して後は　孝をつくす事なりがたきを
かねてよく考え　後悔なからん事を思うべし

「孝行しようと気がついたとき、親はこの世を去っているものだ。親が生きているうちに親孝行をしておけ、そうでないと後悔するから」という貝原益軒の教訓です。

私のことを申して恐縮ですが、私の母が九十四歳で身罷ってはや六年。年の経過と共に、親の有難さ尊さが身に染む今日この頃でございます。恥ずかしながら今思えば、家では以心伝心の思いもあり、あまり母とは会話を交わさずつっけんどんで、親孝行らしい孝行は何もせず過ごして参りました。年老いた母はさぞ寂しかったろうと、もう少し優しく親孝行をしていればよかったと後悔をしております。

人間生活の原点は家庭であります。『教育勅語』にも、その最初に〝父母に孝に兄弟に友に夫婦相和し〟とあります如く、一番大切なものが親孝行であります。

かの明治維新前の幕末、松下村塾で数多くの優れた立派な人物を育てられました吉田松

陰先生も、『士規七則』の第一番目に
一凡そ生まれて人と為れば、宜しく人の禽獣に異なる所以を知るべし。蓋し人に五倫あり、而して君臣父子を最大と為す。故に人の人たる所以は、忠孝を本と為す。

と、忠義と共に孝行の大切さを力説されているのであります。

すなわち、我々人間の全ての道・道徳は「お父さんありがとう！お母さんありがとう！」から始まるのであります。

〝人生百行孝に如くはなし〟

〝世の中に親に孝ある人はただ　何につけても頼母しきかな〟

どうぞ「孝行したくないのに親がいる」と言わず、「親孝行したい時にも親がいる」と思い、親孝行を心行くまでしていただき、親御さんを喜ばして上げてくださいますよう、お願い申し上げます。


（『講話集国引の集ひ—第二十回全国研修大会—』平成17年刊）

子供の躾は大人のつとめ

ある学校で、家庭についての標語を集めました。優秀賞に選ばれたのは、

「父よ、何か言ってくれ。母よ、何も言わないでくれ。」

でありました。正しく現代の一般家庭の姿を、如実に表わしております。今の子供たちの問題は、実は我々親の問題なのであります。

かく言う私の家庭は、三男一女あり、一番末の娘は今大学二年生で、他の兄たちは皆独立をしております。ただどの子も嫁を貰っていないのが、シャクの種であります。先程の標語のように、以前の私は「父よ、何か言ってくれ」の部類で、子育てはほとんどタッチせず、只管仕事一筋、酒一筋でありました。幸い妻は、教育熱心の世話焼きで、四人の子供たちをきっちりと育ててくれました。

そして今は、妻と私二人だけの〝甘い甘い新婚家庭〟ならぬ〝暗い暗い旧婚家庭〟であります。普段私は、家ではほとんど無口です。もっとも酒が入りますと、誰よりも多弁に

なりますが……。一方妻は、のべつまくなく喋り通し。喋り足らず近頃は、飼い犬にも話しかけております。この犬の名は、娘が吹奏楽をやっていましたので楽器のチュウバと名付けました。そのチュウバに、妻の老婆が話しかける図と相成るのであります。しかし、妻もだんだん年をとってまいりました。かくして、わが「ローマ（老婆）は、一日にしてならず」であります。

○

人間が地球上の動物として与えられた使命には、大きく分けると三つ。1、生きるということ　2、子供を作ること　そして一番肝心なのは、3、その子供をきちんと育てること　であります。

ある動物園の園長さんは、トラの子の話しをされました。

トラのお母さんが子供を産むと、当然子トラはお乳を飲みます。その時トラは子供でも爪を持っている。爪でお母さんのお乳を握るわけです。そうしますと、お母さんは痛くてたまらないから、子供の首筋を噛んで投げ飛ばす。子供は何故投げとばされたか判らない。そして又、お母さんのお乳を掴む。そうすると又、投げ飛ばされる。そういうことを何度もやっているうちに、爪を出して握ってはいけないということを、覚えていくのであります。

またトラは、子供でも牙が生えている。最初は牙を立ててお乳を噛む。母親は痛くてたまらないから、又投げ飛ばす。そういうことを何度もやっているうちに、牙を使ってはいけない。舌で飲まなければいけないということを理解する。これが躾であります。

そうすると、こういうトラの子供は成長して、子供たちが一緒に遊ぶにしても、牙を使わないし、爪を使わないから怪我をすることもありません。

ところが、何かの事情で母トラが育てないで、人間が哺乳瓶で育てた子供のトラを、ある程度成長した段階でトラの群れに戻すと、三日も持ちません。何故か。それは躾を母親から受けていないから、子供たちで遊ぶ時に牙を使い、爪を使って他の子供を傷つけてしまうからです。だから、群れから当然放り出されてしまう。そうすると、それがやがて非常に凶暴となり、反抗的なトラとなって育っていく。

ということです。我々人間の子供も、全く同様であります。

「つのつく間は親が見ろ」、一つ、二つ、三つ、四つ、五つ、六つ、七つ、八つ、九つ、所謂、三つ子の魂百まで、つのつく間に、どういう環境の中で暮らしたかは、人間にとって生涯にわたる影響を与えるのであります。

かく考えますと、「しつけ」というのは、小さい時、ほんの幼稚園に行くぐらいまでの間にやらなければいけません。その時に「こういうことはしてはいけないんだ」と言うことを、父親や母親或いはお爺さんお婆さんが理屈ではなく、はっきり身体でおしえなければなりません。

○

春になるとウグイスが鳴きます。ウグイスの特徴である「ホーホケキョ」という鳴き声は、親鳥が鳴いて聞かせないと鳴くことが出来ないそうです。遺伝子には、親が教えなくても活性化する遺伝子と、その親が教えなければ活性化しない遺伝子とがあるのでありま す。姿形はウグイスだけれども、ホーホケキョと鳴かないウグイスが野山にいっぱいいるのではないでしょうか。これは、そのまま人間にも当てはまる真実であります。

日本人も日本人であるという特徴は、親が教えてやらなければ目覚めることが出来ません。今、日本には姿形は日本人であるけれども、日本人の心に目覚めていない日本人がい

っぱいおります。やはり親が、ホーホケキョと鳴いてやることが一番大切なことでありま
す。そうすれば日本人としての遺伝子が活性化し、日本人の子供として立派に成長してい
くのであります。

白金も黄金も玉も何せむに
　まされる宝子にしかめやも　（山上　憶良）

将来の日本を支えてくれる、金や銀真珠よりも貴重な子供達の為、家庭のあり方を今一度真剣に考え、健全なる家庭を築いていかなければなりません。

「隗より始めよ」、まず私を含め心ある皆様方が、その範を示していただきますことをお願い申し上げ、拙い講話を閉じさせていただきます。

（『講話集鹽竈ざくら―第二十一回宮城大会―』平成18年刊）

戌歳にちなんで

今年は〝戌《いぬ》〟歳です。皆さんの中に戌歳の方はおられますか？　あっおいでですね。も

の〻本にイヌ歳の「一代運勢」がありました。

　正直で義理堅く、謙虚にして寛容。目上の人に従えば、中年になって抜群の出世をする。なか〱良い運勢です。しかし安心してはなりません。その本の片隅に小さく、「但し例外もある」と書かれていました。

　さて犬は、家畜の中で一番古く、五万年も前から人と共生しております。走力に優れ、嗅覚はなんと人間の数千倍。そして何よりも主人（飼主）に従順の上、敵に対しては果敢に吠えたり、攻撃をしかけたりします。

　吾家には、小さな雌犬が一匹おり、飼主は古女房です。私はたゞの宿六です。犬の名前は、楽器の名をとってチューバと言います。その名前がいけません。妻の老婆、娘のお転婆に間違われます。そこで戌歳にあたり改名をと思い、トリノ・女子フィギア優勝者荒川静香さんの〝シズカ〟を貰おうとしましたが駄目、決して静かではありません。いつもワン〱吠えたてゝばかり。

　とまれ、忠実従順・勇猛果敢な犬にまつわる、名犬・忠犬物語は事欠かない程多くあります。そのうち、忠犬ハチ公の逸話はあまりにも有名ですが、本日はハチ公と同じように主人に尽した、「タチ」の話をご紹介しましょう。

○

東京の麹町に住んでいた畠山さんは、愛犬タチに毎日近所のタバコ屋へ、お使いに行かせていました。

タチのほうも、日課として喜んでお使いに行き、主人にタバコをくわえて帰ってきておりました。このお使いの出来る名犬は、近隣に知れわたり、飼い主の畠山さんも鼻が高かったのであります。

昭和六年、畠山さんは仕事の都合で、静岡へ移り住まなければならなくなり、家族、そして愛犬のタチと共に、静岡市へ居を移されます。

移り住んでみると、転居先のそばにもタバコ屋があったので、畠山さんは早速タチを連れてタバコ屋に赴き、「明日からこの犬をお使いに行かせるので、チェリーをくわえさせて下さい。タバコ代は月末に精算するから」と話をつけました。

翌日、麹町にいた時のようにタバコを貰いに行かせようと、タチを玄関まで連れて行った畠山さんは、これまで同様「タチ、タバコ！」と言いつけます。

ところが、タチは主人の顔を見つめたまゝ、その場から一歩も動こうとしません。さらに語気を強めて命令しても、いつものように外へ向かって元気よく駆け出していこうとはしません。タチに腹を立てた畠山さんは、タチを往来へ追い出しました。タチは一度主人のほうを振り返って、悲しげな顔をしていましたが、主人が取り合わないと知ると、とぼ〳〵と歩き出しました。

しかし、五分が過ぎ、十分が過ぎても、タチは帰ってきません。

「さすがに引っ越してきて初日からお使いに行かせるには、無理があったかな」。心配になった畠山さんは、タバコ屋まで迎えに行きました。タバコ屋にタチが来たかどうかを尋ねると、「見てない」との返答。それ以来、タチは姿を見せなくなってしまいました。

姿を消して8日を過ぎた昼下がり、玄関にやつれて変わり果てたタチがフラ〳〵になって戻ってきました。その口には濡れてぼろ〳〵になった汚いチェリーの空き箱をくわえているではありませんか。

「タチ、悪いことをしたな。怒って出て行ってしまったと思ったよ。とにかくよく戻ってきてくれた」。タチを抱きかゝえた畠山さんは、愛犬のやつれた姿に改めて感謝と反省の気持ちが湧いてきました。しかし、衰弱していたタチは、その3日後に息をひきとってしまったのでした。

それから数年後、東京へ出向いた時のことです。立ち寄りついでに旧宅へ訪れ、近所の人と昔話に花を咲かせ、たまく〵話題がタチのことになりました。

「引っ越してからむこうのタバコ屋へ買い物に行かせたが、うまくいかなかったんだ。無理に行かせようとしたら、怒って出て行ってしまったよ。それでもどこをふらついていたのか、帰ってくる時にはチェリーの空箱をくわえていたんだから、たいしたもんだよ」。

それを聞いたタバコ屋の店主《あるじ》が、いぶかしげにこう言うではありませんか。

「あなたが引っ越していってから3～4日して、お宅のタチがうちに来ましたよ。後片付けにでもしに戻ってきたのかと思って、いつものようにチェリーをくわえさせてやったんですがね……」。

そうです！　タチは静岡・東京間を8日もかけて、主人のためにチェリーの買い物をしていたのでした。

畠山さんはその瞬間、外に出されたタチの一度だけ振り返った悲しげな顔が、はっきりと蘇ってきたのであります。

○

終りに、戌歳三つの教訓を〝犬づくし〟でご披露しましょう。

一、煙草は吸わんほうがよい。

二、酒の飲み過ぎは、身体に毒《ドッグ》です。

三、人がたとえ見ていぬとも、怠けたらいけん。

人生は一回きりのオンリーワン。わんダフルな充実した生活をお送り下さい。

―参考文献・吉澤英生著「戌歳生まれは、お金に困らない人」―

（『講話集朔北のいぶき―第二十二回北海道大会―』平成19年刊）

五寸釘の寅吉

遠く北海道の網走刑務所には、レンガ造りの正門前に竹箒を持って掃除をしている等身大の男性の銅像があります。

実はこの人物、己が人生七十有余年のうち六十年に及ぶ監獄生活の中で、脱獄六回の記録保持者であります。

本名を西川寅吉と言い、三重県多気郡御糸村の農家の次男として生まれ、幼い頃から身体は小柄だが頑健で敏捷、腕力が強く、八歳の頃より誰と喧嘩をしても負けることがなかったと言います。

彼十四歳の時、自分を親よりも可愛がってくれた叔父が、ヤクザのリンチに会って殺されてしまいます。叔父の悲惨な死を聞き、仇討ちを決意して、夜半日本刀の抜き身でヤクザ一家に忍び入り、親分に重傷を負わせ、逃げる折更に放火をして捕らえられてしまいました。

年少と言うことで、死罪は免れましたが、無期懲役となって、三重の牢獄につながれます。そして服役中、仇を討とうとした親分はその後傷が癒え、生きていると噂で聞き、何としても再び仇討ちしたいと考え、第一回目の脱獄をしました。

爾来六回の脱獄を繰り返し、その三回目の折、逃げる途中路上の板付き五寸釘を踏み抜いて、そのまま三里・十二キロも逃亡し、力尽いて捕らえられたところから、彼は〝五寸釘の寅吉〟と呼ばれるようになりました。

最後に、当時重罪犯ばかりを収容して、悪の吹き溜まりと言われた網走監獄へぶち込まれます。ところが、明治三十三年以来すっかり改心して一度の反則も起こさず真面目に勤め、やがて模範囚となり冒頭申し上げましたように、刑務所の門前を監視なしで掃除を許されるまでにもなったのであります。

かくて大正十三年九月三日、長い長い気の遠くなるような獄窓生活から解き放され、高齢のゆえをもって刑の執行を停止、釈放されました。

出所後彼は、ある芝居興行一座に入り、自分の体験談を話して回る生活をし、昭和のはじめ故郷の御糸村に帰り、町の有力者となっていた息子に引き取られ、何一つ不自由のない平穏なくらしを送り、畳の上で安らかな大往生を遂げたのであります。

○

或る人いわく、「人間は性善でもなければ性悪でもない。その人の環境に流されていくこともあり、それは人間の意志に反して流れていく場合もある」と。

人間悪に染まればなかなか抜けられないのが、世の常であります。これは例えば、悪とは言えないかもしれませんが、私がお酒を止められないことと非常によく通じるものがあります。

一昨年六月、期することがあり〝酒と女はニゴウまで〟を目安に、「自分は一日二合だ」と、高らかに宣言をしました。しかし、しかしです。まず周りが許してくれません。多くの氏子さんが、職員が相変わらずどんどん注ぎにきます。それも善意・好意で注いでくれるなら良いのですが、中には悪意・敵意、更に殺意をもって注ぐ輩もおり、油断も隙もありません。

一方、私の身体が許してくれません。なにしろ六十六年の生涯、二十歳から数えて四十五年間飲みっぱなし。二合ではとても足りません。そこで少し宗旨を替えて二合＋α（アルファ）にしました。しかしこのαが曲者でして、だんだん飲んでいますとこの記号の頭と尻尾が寝そべってひっついて∞（無限大）になってしまいます。と言うことで、昨今は一日三合、三日で一升のペース。計算の合わないのは酒飲みのしからしむるところです。

○

刑務所とは、昔の軍隊のように、一般社会とは完全に隔離された社会だけに、悪くなる場合には極端に悪くなり、又逆に、箸にも棒にも掛からないようなワルが教育されることによって、人が変わったような立派な人間になることもままあるのであります。

遅きに失したけれども、五寸釘の寅吉は、まさにその後者でありました。それは刑務所看守氏家孝太郎さんとの出会いによるものでした。氏家さんは、看守と囚人という厚い壁を取り除き、互いの心の融合に努め、只管寅吉を一人の男・人間として待遇した為であります。

私は縁あって、京都刑務所の教誨師を勤めております。その教誨の仕事は、コンクリートの道路に植物の種を播くようなものと言われております。ほとんど育たない、効果がないと言っても過言ではありません。しかし、万が一にもコンクリートのひび割れに芽吹き、花咲く草木もあるのでありまして、そのわずかな望みを託して、根気強く続けて行かねばならないのであります。

脱獄六回をもしおおせた、敏捷な行動と忍耐力を持つ五寸釘の寅吉は、もし戦国の世に生まれていたなら、一国一城の主となっていたであろうと思われますし、今の時代でも大変頭の良い男でしたから、まっとうな道を歩んでいれば、多くの人の上に立って尊敬される偉い人物になっていたかもしれません。

かく考えますと、人の一生というものは誠に興味深く、そして計り知れないものがあるようであります。

（『講話集布留の鼓動―第二十三回奈良大会―』平成20年刊）

時代劇と現代

今チャンバラ、所謂「時代劇」がひと頃より振るいません。

かつては、「水戸黄門」をはじめ「銭形平次」「大岡越前」「遠山金さん」はた又「桃太郎侍」や「旗本退屈男」「鬼平犯科帳」「子連れ狼」「剣客商売」「丹下左膳」そして「忠臣蔵」等々キラ星の如く沢山ありました。

その時代劇のうち一番長寿番組は、何と言っても「水戸黄門」であります。現在水戸の御老公は、里見浩太朗さんが好演なさっております。

この里見浩太朗さんは、かつての名優市川右太衛門の〝豪快さ〟片岡千恵蔵の〝渋さ、重厚さ〟長谷川一夫の〝艶っぽさ〟大河内伝次郎の〝男っぽさ〟を全て兼ね備えた、時代劇最後の人と言われております。

○

その時代劇の内容は誠に単純明快、すなわち「善きを勧め悪を懲める＝勧善懲悪」にあります。

そして時代劇が描いているのは、〝愛と人情〟であります。それは男女の愛であり、親子の愛であり、君臣の愛でもあります。この人間関係、心のつながりこそは、かつての日本人の持っていた心そのものです。

例えば父親が子供を守る為に切腹したり、母親の為に子供が敢えて罪人になったり、主君の為には全てを犠牲にして忠義を尽くす。人間にはこう言う心の持ちようもあるのだと、時を超えて現代の私達に訴えかけてくれるのが時代劇であります。

多少窮屈な面もありますが、それだけ人間関係が濃密である証拠とも言えましょう。かように愛と人情厚きが故に逆に、それらを踏みにじる不条理に対する憤りも深かった。

そこで悪役の登場と相成ります。例えばテレビ「水戸黄門」の悪役は、パターンが決まっております。金好き、女好き、いじめ好き＝いじわる。それに酒好きを加えれば私のような者です。

そして彼らは、必ず滅ぼされる。こらしめられる。悪役俳優の条件は三つ、顔がデカイ、声がデカイ、態度もデカイ、一目見て〝お主も悪よのう〟と言われるような人物。この三条件が揃うのはあまりいませんから、悪役顔の俳優さんは品不足、かくて悪役俳優は何度も蘇る訳であります。

○

時代劇のクライマックスは、そのワルが如何に懲らしめられるかの大立廻にあり、それによって観客は溜飲を下げるのであります。

ところが昨今、子供が親を、親が子供を殺すような事件が日常茶飯に起こり、更に師弟・上下関係も薄れ乱れ、お互いの人間関係は著しく希薄になっています。

その為一体何が悪いのか、いいのか、といった善悪の意識判断が薄れ、或いは失くなっている。そうした、人に迷惑をかけても分からない人間が、時代劇を見てそこに描かれている不条理な悪への憤りを感じるとも思えません。

かてて加えて時代劇が振わなくなった大きな原因の一つは、戦後修身や道徳といったものが否定され、日本の歴史もきちんと教えず、孝行や忠義といった古来の「日本の心」を伝えなくなった結果、時代劇を理解する下地が既に消失してしまったからであります。

〇

つまり「修身」滅んで「時代劇」廃るであります。

しかし冷静に考えてみれば、善悪というもの、恥ずべきこと、卑怯なこととは何か—それを子供達にしっかりと植え込むのが、真の教育、教育の再生、教育改革の第一歩のような気を致します。

戦前を否定するあまり、〝羹に懲りて鱠を吹〟いてはいけません。はっきり申して今の教育には〝日本の心〟が欠落しています。時代劇にはその日本の心が息づいているのであります。

故に時代劇の復活と教育の正常化は一つであるという事を申し添え、筆を置かせていただきます。


（『講話集常陸の祈り—第二十五回茨城大会—』平成22年刊）

天皇《すめろぎ》の国―日本文明史小論―

心ある皆様も思ひは同じかと存じますが、日本の現状を見てをりますと、これで日本は果して大丈夫なのだらうか。本来の日本の姿は一体どこに行つてしまつたのか。更に又日本は、既に亡国の坂道をひた歩みに歩んでゐるやうな気がしてならない。もしさうだとすれば、日本の衰退を噛ひ止め起死再生の術はあるのだらうか。又もしあつたとしても一体どのやうにすれば良いのか。さう言ったジレンマと申しませうか、不安、悩みが時折よぎるのであります。

西洋の歴史学者であるハンチントンやトインビー、更にシュペングラーは、世界を六大文明或いは七大文明に分けました。そして日本をその世界の大文明の一つに位置づけ、しかも日本だけが一つの国で一つの文明圏を形成してゐると言ふのであります。

一文明一国家を形成する日本では、この文明の魂、精神とは大方のご想像通り、天皇のご存在であります。

悠久の歴史の中で、天皇は平時は水面下に身を沈めてゐるが、国家又は文明の危機が本格化すると急に浮上する。そして歴史の危機を乗り切ると又水面下に沈む。この周期的サイクルが日本の文明史のパターンであるとされるのであります。

日本にあつては天皇こそが、この国の存続を決め、最後の時には必ず出て来る国の強い強い生命力、すなはち文明力を持ち、それが存続の危機を救ふことにもなるのであります。

例へば江戸期には三つの重大なポイントがあります。

(一) 士・農・工・商の武士が作り上げた個人倫理を究めて行つた武士道があり、

(二) 藩校・私塾・寺子屋の普及により、世界史上類例のない教育の目覚めがあり、

(三) 古来天皇が坐し坐すが故に、長い年月をかけて醸し出されて来た尊皇思想の高まり

であります。

武士道は、かつて新渡戸稲造が全世界に紹介し、新渡戸の同窓内村鑑三が〝日本国最善の産物〟と絶賛し、「是れある間は日本は栄え、是れが無くなる時に日本は滅ぶ」と断言しました。

人として生きて行くべき人類普遍の最高の道徳が武士道なのであります。

藩校・私塾・寺子屋のうち、寺子屋は日本全国でその数は一万四千もあつたと言はれ、平均しても一都道府県当たり三〇〇軒もあるのであります。

当時如何に寺子屋が普及し教育が行き届いていたかゞ判ります。

その教育の普及と最上の道徳としての武士道、そして万世一系の天皇のご存在。

この三つがあつたからこそ、たとへ突然のペリー来航に遭遇しても、日本人全てがしつかりと覚悟を固めて維新の大改革へと進んで行くことが出来たのであります。

明治維新後日本は西南戦争、日清・日露の戦争をはじめ幾多の困難と闘ひながら、美事近代化に成功してまゐりました。

だがしかし、大正の頃から少しをかしくなつてまゐります。

その大正時代と平成の今とは非常に類似してをります。それは両時代共に日本人の多くが日本文明を見失なひ、様々な形で〃文明の衰退〃を経験してゐる点であります。

かつて昭和二十年八月十日御前会議において、日本の「ポツダム宣言」受諾、すなはち日本の降伏と敗戦が極秘裏に決定したそのとき、陸軍参謀次長河辺虎四郎中将は、日記に次のやうに記しました。

今後日本は

（武）士道の撲滅策を蒙るならん。

耶蘇教信者が急速に殖えるならん。

アメリカ語が急速に盛んに用ゐらるゝに至らん。

家々に伝家の宝刀を保存することも禁絶せらるゝに至らん。

国家の爲献身などと言ふ気持は之を捨てよと教へらるゝならん。

日本の歴史の内容を根底より改竄せらるゝならん。

西洋文化の有難きを極度に教へ込まるゝならん。

何と鋭い予言であつたことかと驚かざるを得ないのであります。

日本は敗戦によりアメリカの軍事占領と、今迄のものを一切否定する更地化と、一神教の試練にさらされました。言はゞこのＧＨＱがもたらした〝遅速性の毒〟は時が経つに従ひ効果を現はしてゆきます。

そして他国によつて恣意的に導入された所謂「戦後文化」なるものは、はじめから「まがひもの」だつたのであります。すなはち日本文明の地下水脈とは一切のつながりを持たないから、半世紀余りで早くも衰弱破綻を来たして今日に至つたのであります。

我々はそれに気づかなければなりません。

かつての幕末・明治維新と同じく、この国と日本人の心が存続のギリギリの地点に立たうとしてゐる今こそ、悠久二千年以上にわたる日本の歴史の文明の生命力である天皇と、それに連なる精神・文明の魂すなはち、地下水脈からの再生の生命力を地上に湧き上がらせなければならないのであります。

わが国は二千数百年に亘って神話の時代から現代まで連綿と続く皇室・天皇を中心に、国民が心をひとつにして歴史と伝統を守り、平和と繁栄を築いてきた世界に類のない「道徳立国」なのであります。〝神洲清潔の民〟の国とは正にこの事であります。

神が与へ授け給うた日本国の真の姿と、日本人の持つ特性の発露が、混迷の日本を否世界を救ふ大きな鍵となることを申し上げ、本日の講演を終へさせていたゞきます。

（『講話集至誠のかがみ―第二十六回山口大会―』平成23年刊）

犠牲の心と英霊

ノーベル賞受賞者に、アレキシス・カレル博士という方がおられます。そのカレル博士は『生命の知恵』という本の中で、

人間は生きものだから＝生命の法則＝に従わなければ、栄えることは出来ない。それには、大事な掟が三つある。

第一の法則　個体維持の法則

人間は生まれて来た以上生きなければならない。生きたい！と言う命の叫びに忠実に従わなければ、栄えることは出来ない。

第二の法則　種族伝播の法則

そしていつまでも永遠に生きたい。だが人間の寿命には限りがある。いついつまでも生きようと望むならば、子々孫々を栄えさせなければならない。

第三の法則　精神向上の法則

しかし、人間はただの動物ではない。人間には精神がある。人間を真に人間たらしめる精神を向上させて、人間らしく気高く生きなければならない。

平和な時には、三つの法則を同時に守ってゆけるが、万一、異常な事態が生じた場合はどうすればよいのか。カレル博士は言います。

低い方の法則を捨てて、より高い掟を守ってゆかねば栄えることはできない。たとえば、国が外国と戦って、民族の大きな命があやうい時には、一人一人はどんなに生きたくても、個人の願いを乗り越えて、民族の大きなイノチを守らなければならない。

お国のために命を捧げられた三百万の英霊。靖国護国の神々こそ、生きたいという個人の切ない願いを踏み越えて、日本民族の大きな生命を守りぬかれた尊い人びとであります。

○

愛媛県伊予市の市会議長をつとめられました武智惣五郎さんは戦争中の出征風景を次のように語っておられます。

母のない三人の幼な児を残して出征する父親があった。一番上が五つ。中の子が三つ。一番下が一年と五ヶ月。この末っ子が生まれたとき、母親は産後の肥立ちが悪くて亡くなった。

「あいつ戦死したら、おさない三人の子供が両親のないみなし子になるが、さぞかし子供に思いが残ろうのう……」。村人が心から同情しておりました。

さて、駅頭で列車の到着時刻がせまった。ふと気がっくと、出征する父親の姿が見えない。子供たちは？と探してみると、子供たちの姿も見えない。ギクッとしました。まさか、子供に心引かれて逃げたわけでもあるまいが？……。たまたま便所に行きたくなって、駅の便所に駆けこもうとして、ヒョイと便所の板塀のうしろをのぞいた。いたではないか。便所の板塀のうしろに、三人の子供たちを並べて、人目をしのんで最後の別れを惜しんでいる。

五つの子をだきしめて頬ずりをし、三つの子をだきかかえて頬ずりをし、最後に一年五ヶ月の末っ子になったときには、たまりかねたんでしょう。頬ずりをしたあとに、自分の舌でほっぺをなめてやっている。そして三人を一列に並べ、「お父さんの顔をよーく見ておいてくれ。必ずとも、お父さんの顔を覚えていてくれ。万一、お父さんが亡くなっても、伊予神社の神さまが、お前達を守って下さるから、元気を出して生きてくれよ……」

やがて列車に乗りこんだ父親は、窓から上半身を乗り出して、最前列の三人の子供たちの顔を喰い入るように見つめていた。

親類が一人ずつ預かることになっていた。汽笛が鳴った。ゴトンと列車が動く。その瞬間、三人の親類が三人とも、何も申し合わせていたわけではないが、思わず知らず、子供を一人ずつ抱き上げた。

「これが最後になるかも知れんゾ。よーく見ておけ！」

こらえこらえていた子供たちが、ワーッと大声をあげて泣き出した。子供たちは父を慕うて、いつまでも、いつまでも泣きつづけ、プラットホームから立ち去ろうとはしませんでした。

母のない三人の子供達を残して、一体どこの父親が死にたいものでありますか。けれども、悠久三千年の歴史を誇る日本民族の大きな命を守らんが為に、敢えて惜しい命をちぢめられたのが、三百万のご英霊であります。これを尊い〝犠牲〟とよぶのです。アレキシス・カレル博士はキッパリと言っています。

〃犠牲の精神のない民族は亡ぶ〃と。

こんにちほど国民が、生命よりも価値あるものがこの世にある事を忘れた時代がありましょうか。

日本民族は、滅亡の寸前にあると言わなければなりません。教育勅語の「一旦緩急アレバ義勇公ニ奉ジ」ることとは、間違いであるどころか、こんにち我国民が早急に取り戻さなければならない崇高な倫理であります。

我々は犠牲になられ、日本国を護って下さったご英霊に対し、いつまでも慰霊と感謝の誠を捧げて行かねばなりません。これが日本人としての、否人間としての道であることを、声を大にして申し上げたいのであります。

（『講話集　魂《まぶい》の島から―第二十七回沖縄大会―』平成24年刊）

日本人のこころ

日本人の長所、美点は数々ありますけれども、敢えて挙げよと言われるならば、神洲清潔の民、誠心の持ち主と断言したいのであります。

『声に出して読みたい日本語』で一躍雄名を馳せ、『美しい日本人』という本を書かれました齋藤孝さんは、日本人の得意技六つを挙げておられます。すなわち上機嫌文化・子供天国・身体から入る・気づかいを育てる日本語・はかなさを愛でる、そして〝とにかく流す〟であります。齋藤氏は「湿度が高くてすぐに肌がべとべとしてしまうからフランス人などと違って日本人の性生活も淡泊で、さっぱりしている」という谷崎潤一郎のコトバに続けて「高湿度地に住む民族はべとべとした体を水で洗い流したい欲求が強くなる。日本人の風呂好きから判るように、とにかく日本人は洗い流す、捨てる、落としていくという行為が大好き。それは肉体的な意味ばかりではない。日本人は精神的にも洗い流したいという欲求を強く持っている」と主張されます。

いつまでもネガティブな感情を心の中に溜めておくのは嫌だ。早く洗い流してさっぱりしたい。それが日本人の精神の基本であります。

余談になりますが、その考えの延長線上として、日本人は最も憎悪心の少ない、又永続きしない国民であります。つまり昨日の敵は今日の友となります。

例えば、日本は戦争でアメリカから全国を爆撃され、かつ広島、長崎には原爆まで落とされていながら、そうした過去をすっかり水に流し、いまやアメリカ文化万々歳であります。

かく考えますと、今日本と中国・韓国の間にさまざまな軋轢が生じておりますが、これは日本人と、かの国々の人達との特質の違い——洗い流すと過去にこだわる——に大きな一因があるのではないかと思われます。それは兎も角としまして、ご承知の通り神話の中で、天照大神が山川を動《と》よませて昇天してきた弟のスサノヲノミコトを待ち受けて「何の故にか上り来つる」と聞かれました。スサノヲノミコトは「僕《あれ》は邪き心なし」と答え、それによって許された場面があります。

日本人は古来より邪き心なく「清き明き心」を最も大事にして来た民族であります。そして古事記解釈の多くはこの「清明心」が天皇への絶対的随順の心であると説いております。

古代から「私」「私心」は穢と見られ、日本人にとって最高の徳目は「清く明るく直き正しき心」であり、私心を滅却することにあります。

天武天皇は飛鳥浄御原に於いて冠位十二階位を制定なさいました。「明浄正直勤務追進」であります。その意とするところは、官僚役人すなわち為政者たる者常に「明るく清く正しく直く勤め励めよ」とのお悟しに他なりません。

それは中国の最高の倫理徳目としての五倫、「仁義礼智信」とは全く異なるものであります。私を否定し、共同体或いは大君への滅私奉公であるべき「清く明るく正しい心」を持つ、これが日本人の究極の価値観なのであります。

雲ひとつない晴れ上がった空を「日本晴れ」と申します。これも又一点の汚れもない日本人の心境を如実に表わすものでありましょう。

この「清き明るさ」は又誠心・真心にも通じます。

それこそ神代の昔から続く〝やまとの感性〟なのであります。

「清き明るさ」から来る〝誠〟は最も寛容な教えであり、様々な道徳的教訓の基礎はこの一語の中に含まれると言ってよいでしょう。そして我国古来の語彙の中には「まこと」の一語を除いて他は所謂倫理的概念を表わす言葉がないと言っても過言ではありません。

日本人の裏表のない素直な心＝明るく直き誠心、これが日本民族の遺伝子、ＤＮＡであります。

私達が確実に身体でつかんでいる精神・心、それは文化・文明と置き換えていいかも知れません。

かく考えますと、キリスト教文明やイスラム文明がなくなることがないように、日本文明がある限り、日本人の清く明るい「心の美しさ」もなくなることはないのであります。

心身清潔にして、義を見て明決する者は大日本人と称するを得
これは教育者杉浦重剛の言葉でありますが、我々は一人一人〝大日本人〟として雄々しく生きて行きたいものであります。

（『講話集愛日賣の睦び―第二十八回愛媛大会―』平成25年刊）

昭和天皇と南方熊楠翁

紀州和歌山が生んだ天才に、南方熊楠翁がおります。熊楠の熊は神の化身、楠は神聖な霊木を意味します。〝名は体を表わす〟通り、彼は正に巨人・超人そして奇人でもありま

した。

翁は若き日、単身アメリカ大陸へ渡り艱難辛苦放浪の旅をします。或る時はサーカスの象使いの下働きを、又或る時は踊り子のラブレターの代筆もしました。後欧州に渡り、イギリス大英博物館で勉学をして大成をしたのであります。

その専門とするところは、植物学・博物学・民俗学…これらの範疇をはるかに超えたスケールの大きな碩学であります。翁は実に〝東洋のレオナルド・ダ・ヴィンチ〟とも称えられております。

○

明治三十九年（一九〇六）時の政府は『神社合祀令』なるものを発します。西洋の合理主義の影響で、神社は一町村一社で良いと言うものです。正に〝神狩り〟神様のリストラをやってのけようとしたのであります。是により例えば、三重県は六、五〇〇社あったものが七分の一の九四〇社に激減。熊楠翁の住む和歌山県は三、七〇〇社の五分の一にあたる七九〇社に減ってしまいました。

当時全国神社一九万社あったものが、統廃合後は一一万社となってしまいます。

鎮守の杜の消滅は何を意味するか。樹木の伐採による自然破壊が生じます。即ち、森に生息していた小さな動物そして植物も絶滅し生態系が壊れ、山林の消滅による鉄砲水の被害はもとより、害虫の異常発生ともなりました。

この『合祀令』の非、あやまちをいち早く指摘し、その反対運動を展開したのが熊楠翁であります。しかし孤立無援、孤軍奮闘し、その過激さで警察沙汰となり、十八日間の拘留をも経験しました。

やがて、翁の熱意・真心・正論が理解され始め、更に民俗学者柳田国男や地元国会議員の協力を得て、大正九年（一九二〇）〃合祀令無益〃つまり、無効決議がなされて終息にむかったのであります。

熊楠翁こそ、昨今のエコロジストの大先覚者であり、又我国の鎮守の杜を護った大恩人でもあります。

○

彼の人と為りは、実に豪放磊落、直情独行でありましたが、大むね不遇の生涯を送りました。その翁に一生に一度の栄光が訪れます。それは、昭和天皇への学問のご進講であります。

時は昭和四年（一九二九）、生物学のご造詣殊の外深い昭和天皇様は、海路お召し艦にて紀伊田辺にお立ち寄りになり、その神島に於いて翁は多年に亘る研究成果の蘊奥を披講し奉ったのであります。

予定時間をはるかにオーバーし、又天覧に供し奉りかつ献納の標本―通常桐箱に納めるところ、キャラメルのボール箱の簡易なものでありました。しかし昭和天皇は、翁のその純朴さ、天真爛漫ぶりを嘉みし給うたのであります。

かくして、天聴に達し龍顔を拝し指呼の間で、ご進講の栄に浴したことを、彼生涯の誉れとして「長生きはすべきものなり、小生ごとき薄運の者すら長生きすれば、天日を仰ぐ日もあり」と述懐して、

一枝も心して吹け沖つ風わが天皇のめでましし森ぞ

と和歌一首を詠み、狂喜、感嘆をして止まなかったのであります。

又昭和天皇様も後年、昭和三十七年（一九六二）再び紀州行幸の折、

雨にけぶる神島を見て紀《き》伊の国の生みし南方熊楠を思ふ

とお詠みになり、翁のことを印象深くお心に留め給うたのであります。

○

神道禊の大家・川面凡児の『格言集』に曰く、

　小人は身のためを思い
　中人は家の為に思い
　大人は国のためを思い
　哲人は世界のためを思い
　至人は宇宙万般を思いて止まず　と。

昭和天皇様は正に大人・哲人・至人であらせられます。又南方熊楠翁も然り。故にこそ両者の琴線が触れ合い、かかる美談が成立したものとしきりに思うものであります。

（『講話集　くくり—第三十回　石川大会—』平成27年刊）

（二）「神社新報」主張

日本のまつり　私観

今は秋　酣《たけなは》。まつりの季節である。特に本年は、昨秋と打って変はって二十六年ぶりの大豊作とか。心なしおこなはれるまつりも、いつにないよろこびと明るい活気が感じられて、奉仕する我々もうれしい限りである。

しかしまつりも、戦後このかた、大きな変容を遂げてきてゐることは確かである。昔ながらの農村のまつりと、都会の祭りとでは、その性格・対象・意義等々に大きな隔たりがあって然るべきであらう。だが日本のまつりは、底辺に於て本質的にはほとんど変はらぬものと見てよい。

○

先日京都府下のある支部で、神社総代会が開催された。地区教化講師の肩書を持ってゐるゆゑか、白羽の矢が立ち〝総代のつとめ〟と題しての、講演を依頼されたのである。当日総代の皆さんには、全国神社総代会発行の『神社役員、総代必携』と、今は亡き本庁教化講師石井寿夫先生講演録『総代のつとめ』のパンフレットを配られるとの由。前者は実務マニュアルで、後者は幅広い知識と体験に基づいた、しかも具体的で判り易い説得力のある好著である。

これら優れた両書を前にして、正当な総代のつとめを説いたのでは、はや二番煎じの感は否めない。そこで急遽、戦略を転じることにした。如何なる時代にあっても、総代のつとめの一つは、年々歳々執りおこなはれるまつりの本義を、しっかりと認識理解し、自信と責任をもって奉仕していただく事ではなからうかと考へた次第である。

早速かねてから漠然と思ひ、自分なりに把握してゐた日本のまつりの辞書的解説を作成し、それに沿って話を進める作業にとりかかった。以下、箇条書きに要点を記すと次のやうになる。

○

㈠まつりの語源は「まつ(待つ)」から来てをり、真心をこめて迎へ饗応することを意味する。その種類は目的から、神への祈願・感謝・慰撫等に大きく分類される。

㈡日本のまつりは、ちゃうど春になれば木の芽を吹き、秋になれば虫が鳴きはじめるのと同じやうに、ごく自然にいはゆる季節的本能の如く、生活の中にとけ込んでゐる。

㈢衣食住にわたって日常生活そのものを根底として、祈願し感謝し神の心をなごめてゐるのが、神道のまつりである。

㈣我国は稲づくり文化圏で、共同生活が主体であり、まつりは個々人の祈願等を通して、その究極には統一的原理が横たはってゐる。従ってまつりの祈りは、そこに住む人達全体の豊かな稔り・すぐれた健康・平和な環境・安楽なる前進への願ひで、一個人の祈りだけではない。

㈤もとよりまつりの儀式自体は、厳格に執りおこなはれるが、まつりの日は人々が共に行動し、明るくなごやかに楽しむものである。その楽しみは、何のためといふのではない、ただなんとなく行かざるを得ない、見ざるを得ない、踊らざるを得ない地域全体の楽しみである。

㈥まつりが日本人の生活と密接につながりを持ってゐるため、古今を通じ日本文化形成の根源でもあり得る。つまり音楽その他の芸術、文学さらに諸産業の発達とも関はりを持つ。

(七)あたかも人間が、食物を食べて健康な生命を保つが如く、日本人はまつりを通して毎日の生活の原動力を吸収し、常に発奮（生々）・精進（勤しみ）とを保ちつつ、それを絶えず繰り返してゐる。

(八)故に都市化が進んでも、新しい住居地の全体の活力と調和を維持する方法として、まつりが盛んにおこなはれるのである。

○

既に学問研究生活を離れて久しい身であるから、論旨にいささか飛躍不備があるかも知れない。ただ神明奉仕にたづさはってきたお陰で、実感が伝はってくるのは幸ひである。

まつりに限らず、時代の変化に目を奪はれ、功を急ぐのあまり枝葉末節に拘泥し、その本質を見失ひがちである。悠久の昔から受け継ぎ、守り伝へられて来た我国の文化伝統諸般は、さう易々と消え去るものではない。腹を据ゑて見究めて行くならば、必ずや核心に到達して父祖の残してくれた、永遠不変の真理を感得出来るはずである。その〝神道原理〟を今後も探究し、心の支へとして神道に身を置くことが、今日の我々の使命ではなからうか。

（平成6年11月21日）

つつしみといつくしみの政治

「両陛下が最初に地震を知られたのは、当日午前六時半ごろのNHKニュース。その後も当直の侍従を通じて、死者や行方不明者、火災地域など被災地の状況は逐一報告されてゐました。情報は警察庁から宮内庁に入った資料です」（宮内庁・八木貞二侍従談）

続けて報道誌は述べる。「陛下は時間を追って被害が拡がる神戸周辺の市民を常に気遣われた。葉山御用邸へお出ましなどの予定は、両陛下のお気持ですぐ取りやめられた一方、伊勢神宮の状況について、安泰かというお尋ねもあったという」（週刊新潮２・２号）

対して「村山首相が『阪神大震災』の第一報を受けたのは、十七日午前七時。自宅のテレビで知った首相秘書官が急遽公邸に駆けつけ、就寝中だった村山首相を起こしたからだ。だが村山首相は何も行動しなかった。官邸の執務室に〝出勤〟したのは、それから二時間近くたってからだった」（週刊文春２・２号）

以下政府、さらに被災自治体の非常時対応の遅れは、目を覆ふべきものがあり、平和ボケに慣れて所謂危機管理の無策ぶりが露呈したことは、既に御承知の通りである。此度の大震災に際して、この皇室と政府の違ひは一体どこから来るものであらうか。それは、為政者として持つ心構へ奈辺にあるや、に関はってくるものと察せられてならない。

文藝春秋二月号に、〝側近たちが見た昭和天皇・昭和天皇が思い残したこと〃と題して、侍従の方々の昭和天皇に於ける思ひ出が、感銘深く数多く語られてゐる。その一、二を端折っての紹介を試みると、

昭和天皇は、実は歴史的事件や歴史上の出来事についてきわめて厳粛な態度をとっておられた。開戦の日や敗戦の日、二・二六事件の日、原爆の投下された日、沖縄戦玉砕の日、そのほか自らの心の中に宿っている日は、一日政務室を出ることはなかった。そうした日は、テレビも見ないし、皇居の中にある生物学御研究所にも足をはこばない。皇居内の散策もされない。……ある年の八月宮様が那須の御用邸に滞在中のことだった。東園（従侍のち掌典長）はやはり御用邸の昭和天皇に呼びだされた。そして、「九月一日にゴルフをしなければならない理由はどこにあるんだ」と、厳しい口調で叱責された。皇族のスケジュールはすべて昭和天皇のもとに届けられる。初

め東園侍従は九月一日がわからなかったが、昭和天皇の怒りにふれて、この日が関東大震災の日だったと気づいた。「うっかりいたしました。申しわけございません。取り止めにいたします」と申し出ると、昭和天皇は「そうするように……」と厳然と仰せられた。

さらに関連事例を引用すると、

昭和天皇は、二・二六事件で自らの股肱の臣が青年将校によって斬殺されたことをとくに気にしておられた。この日は、吹上御所から一歩も出られなかったという。ある侍従の話だが、ある年の二月二十六日岩手県の八幡平にスキーに行く予定があった。昭和天皇はその書類を見て、早速侍従を呼ばれ「この日は二・二六の日ではないか。しかも斎藤（実、当時内大臣・青年将校に暗殺される）は、岩手県の出身ではないか。こういう日に出かけるのはどうか……」というのであった。

これら貴重な逸話で判るやうに、昭和天皇の〝慎しみ〟、国民臣下に対する〝慈しみ〟は、ただ只管恐懼といふ他ない。かかる御態度お心構へこそ、数千年に亙る皇室の有難くも尊い伝統、と申しても過言ではない。

近代国家の政治は、概ね西洋の思想を根底に置き、神或いは法のもとに博愛・自由・平等を力説する。それはそれで素晴しい。しかし、我国古来の〝しろしめす〟にあらはれる皇室精神は、赤子・四海同胞観に見るが如き、温かい血の通ったまつりごとである。

政治に携はる者はもとより、神に仕へる我々神主自身、なべての国民こぞって、昭和聖帝が御実践あらせられた、つつしみといつくしみの大御心に思ひを致し、この大事を日常生活の原点に据ゑる必要があるのではなからうか。

（平成7年4月10日）

終戦50年新たな再建へ

近頃あてにならない言葉が、三つあるとのこと。それは、安全・信用・真理といふコトバである。先の阪神・淡路大震災で〝安全〟はフッ飛び、東京二信用組合の乱脈経営により〝信用〟もなくなるし、オウム真理教一連の事件で〝真理〟は、今や風前の灯といったところ。従ってあくまであてになるのは、酒の肴のみといふ落ちがつく次第である。

冗談はさておき、過日産経新聞の主張欄を読んでゐると、いささかショッキングな論調が目に入った。それは今年終戦五十年目を迎へて、我国は二度目の敗戦に帰してゐるとするものである。すなはち第一回の敗戦は言ふまでもなく、昭和二十年米英諸国に対して外からの敗戦であるが、此度の敗戦はさきに挙げた阪神・淡路大震災・オウム真理教の問題で象徴されるやうに、内からの内乱によって迎へようとしてゐるといふのである。

○

仮にもしこの論が正しいとすれば、最初の復活は、明治・大正・昭和一ケタ生まれの所謂教育勅語に裏打ちされた優秀な諸先輩の努力によって、何とか成し遂げられたのはまぎれもない事実である。しかし今回の敗戦後復興は、既に全人口の七十パーセント以上にもならうとしてゐる戦後生まれの、西洋民主主義教育を受けて来た若い人々によるものでなければならないことになる。

文藝春秋六月号に、著名作家十八人による『日本人を叱る!』と題する特集が掲載されてゐた。本章では、現代日本の政治・経済・社会・文化・教育果ては家庭・男女問題等々のあらゆる矛盾、混乱、随落ぶりが一つ一つ指摘されてゐるが、これらを読んでいくうちにまさしく、〝日本よ何処へ行く〟との暗澹たる気分に誘はれてしまふのは私だけではなからう。

戦後五十年、ここに来て今まで内に隠れてゐた負の萌芽がいっきに吹き出し、そして開花結実乱舞しはじめてゐる感を抱かしめて止まないのである。

しかし、あの阪神・淡路大震災混乱の最中にもかかはらず、被災者の方々が落着いた秩序正しい、心からお互ひが助け合ふ姿は、意識してゐなかった日本人の美徳を垣間見た思ひがする。いつも我国を厳しく批判して憚らないかの外国諸紙が、この点だけは絶賛してゐることは痛快であり、一つの救ひでもあった。まだまだ日本人には、素晴しいものが少なからず残されてゐる、との自信を多少なりとも持ちたくなって来る。

○

いづれにしても、これからの日本の将来は如何相成るのか、憂国の士ならずとも気にかかる重大事であることは間違ひない。そこで天地循環必然の理《ことはり》と申すべきか、はたまた歴史は繰り返すといふか、過去の日本史を振り向いて我国今後の道程を、予測してみるのも無駄ではなからう。

すなはち近く江戸時代の幕藩体制下、当時の規範・精神的支柱は儒学であったことは周知の通りである。がこれを厳しく批判し、勃興したのが国学である。その潮流は、当初微々たるものであったらう。国学の思想は、日本人の本質ともいふべき古来より受け継がれた伝統的な魂のよみがへりなるが故に、やがて荷田春満・賀茂真淵・本居宣長・平田篤胤の四大人に代表される、国学の唱道が奔流の如く起こり、長い年月ではあったが遂に王政復古・明治維新へと導かれたことは記憶に新しい。

かうした歴史の流れに沿って現在を考へるならば、今こそ行詰まって来た戦後の民主主義を徹底的に検証し反省を加へて、本来の日本に軌道修正する時機が到来してゐると、密かに確信するものである。幸ひ我々には、これに代はる寄るべき父祖伝来の正道がある。昨今はやりの「新」の字を附して名付けるとするならば、やはり〃新国学〃或は〃新々国学〃とも称されようか。

それは皇室尊厳護持・敬神崇祖の教へをも含めた、祭政一致・祭の顕現発揚に他ならない。これの詳細については後日に譲るとして、この永遠の真理の上に立ち、安全なる国家社会を築いて他国の信用を得ることが、我々の果すべき緊要なる課題と言へよう。

（平成7年8月28日）

女性の社会参加と女子神職

今秋九月下旬和歌山市雑賀崎に於て、近畿地区女子神職研修会が開かれた。近畿六府県約六十名の参加者があり、地元和歌山はその半数の三十二名にも達し、各地とも女子神職の方々が年を逐って増加の傾向にあるやに見受けられ、誠に喜ばしい限りである。

因みに平成七年本庁発表の統計（神社・神職及び氏子・崇敬者数現況）によると、女子神職数は一、九五八名で、総神職数の丁度一割に達してゐる。十年前に比べても格段の成長と言はねばならない。

○

新憲法制定後男女同権が謳はれて以来、揶揄的に〝戦後強くなったのは女性と靴下〟と喧伝されて既に久しい。しかし今や、女性の社会進出はごく自然に受け止められ、その地位向上には昔日の感がある。

折もをり、去る九月四日より十五日迄の十二日間、中国北京で第四回の国連世界女性会議が開催され、真の男女平等実現など二十一世紀に向けての女性政策の国際的指針となる、『行動綱領』と『北京宣言』を採択して閉幕した。その綱領・宣言では、男女平等社会を実現するため女性があらゆる分野に参画し、積極的に行動するやう呼びかけ、また途上国の女性への支援や暴力からの保護など、女性の地位向上のための推進が盛られてゐる。そして五年後の西暦二〇〇〇年には、行動綱領の達成度を検証すべく五回目の女性会議を開くことになってゐるといふ。

これを見ても判るやうに、今や女性の人権尊重・地位向上は、世界の大きな流れの一つでもある。

翻って本紙十月三十日号一面にも大きく掲載されてゐたが、総理府発表の『男女共同参画に関する世論調査』によると、我国は現在なほ「男女の役割分担についての社会通念、慣習、しきたりが根強い」男性優遇の社会であると認めながらも、成人男女のほぼ半数が〝男は仕事、女は家庭〟との考へ方に同感出来ないと思ふに至ってゐる。はや「女は家庭」の固定観念が崩れて、女性の社会参加は時の勢ひであり、もとより斯界も大いに歓迎するところである。

○

かうした風潮の中にあっても、男女同権のはき違ひはままあり、女性の社会進出を肯定しながらも一方では、「家をほったらかして働く女性たちは、精神的流民であり、その流民の子が孤児になる」(マーケティングコンサルタント黒田節子氏)との声もあり、良識ある態度を求める慎重論もないではない。いみじくも「男女は人間の差別はないけれども、区別はある」との至言がある如く、女性として生まれた尊い特権・義務のあることを忘れてはならないであらう。

小説家武者小路実篤が何かの折、「女が一人も子を産み育てないで生涯を終るのは、ある天才が一個の作品もつくらないで死ぬのと同じくらゐ惜しいことである」と述べてゐたが、同感の人も多いはずである。任はまことに重いが、産児と子育ては如何なる男性も代はることの出来ない尊いわざである。それは女性にとって、人類が生存する限り生成発展のための神より授けられた、永遠の厳粛なるつとめに他ならない。

かかる女性本然の姿が覆されない限り、女性の社会参加は是であり、むしろ将来の人間生活に大いなる好影響を齎《もたら》すものであらう。

○

神社界に於ける正式な女子神職の誕生は、戦後からではあるが、それまでに聖職として女性が果した例は勿論皆無ではない。遠く古代鬼道に仕へた卑弥呼は暫く措くとして、神宮の斎王・賀茂の斎院といった高貴なる皇女、果ては巫女・巫子の類は全て神に仕へた特殊なる女性達であった。これら専業の聖職者だけでなく、神主を支へる女性は古今東西何処にでも存在し、女子神職誕生の素地はこれまでに充分あったのである。

すなはち戦前まで、否今も多くの小規模神社の評判の良否は、神社の宮司より却って内助の功をつとめる奥さんによって決まると言はれる。その内儀さんが神職になっても何の不思議はない。むしろ地方神社の置かれてゐる立場を考へるならば、何よりの援軍・救世主でもある。

さうした補助派生的な意味だけでなく、本質に於て「元始、女性は実に太陽であった」といふ平塚雷鳥の言葉を待つまでもなく、女性は全て皆神道の特色でもある〝明浄正直〟を生来身に体してゐる。男性主導の斯界に今後〝明るさ〟を愈々発露して、神道興隆のために一丸となって活躍いただくことを期待して止まないのである。（平成7年11月27日）

心を醸す教育を

いきなり酒、日本酒の話で恐縮であるが、近年酒造りの杜氏の人々がとみに高齢化し、またその数も次第に少なくなってきてゐる。古来杜氏の仕事は厳寒におこなはれ、しかも不規則で深夜の勤めもあり、年季のいる重労働作業である。これを受継ぐべき若者達が今の世、自然敬遠しても致し方なからう。そこで勢ひ機械に頼ることとなり、いまや可能な限り細部にわたって近代化が進められてゐるといふ。

昔酒は醸し育てるものであったが、現在は唯造る酒となってゐるのである。そして心ある杜氏たちは、「ここでもう一度育てる酒といふものを考へてみたい」と、告白して止まない。

そこで、この国の行末を案じつつ亡くなられた司馬遼太郎氏が、河合隼雄氏と共に本年新春特別対談（産経新聞）をされた記事を思ひ出す。

司馬　コスモロジー（自分の生き方まで包み込んだ世界観）というのは、イデオロギーよりも温度が低いですね。

河合　その通りです。いい言葉ですね。麹の発酵を連想しました。あれは一定温度で行きますでしょう。高くないけれども、同じ温度でずっと持続させて発酵させる。エネルギーはかかっているけれども、燃え上がらない。

司馬　いい例えですね。温度が低い代わりに、その人の中で内面化してゆく……。

○

我国は戦後五十年にわたって、子供に本来の人としての心を植ゑつけ育てることを忘れてきたのではなからうか。そして唯合理的に頭を使ふ、体を使ふことの出来る人間のみを造って来たと言へよう。換言すれば、この「無精神教育が無魂の皮相的人間を、日教組に指導された反精神教育が、攻撃的人間を生んだのである」(宗教新聞)。

そして心の教育の不在は、やがて無神論者を生む。すなはち無神論者が出てくる精神的背景には、①家族関係の崩壊・父親の不在　②それを原因としてゐる心の底に隠されたルサンチマン（怨恨）　③自由主義的無神論的思相の教育の影響がある、と哲学者梅原猛氏は指摘してをられる。オウム真理教一連の事件を省み、特に戦後の男性は、自分が生きていくための確固たる道徳をもたなかったように思われる。それで家庭教育はおもに母親にまかせられる。母親は、わが子がかわいくて、わが子がよい大学に入り、よい会社に入ることのみを望む。このようにして道徳についても、心についても何も教えられることなく、ただ彼らは受験戦争に勝ち抜く知恵のみを教えられたのである。……心の教育の不在がこのような青年を生み、あのような事件を起こしたといえる。これは日本人の心の危機である。

○

この心の根が全く欠けた非人間化は、学校にも当然波及してゐる。いぢめが、さうである。

かく見ると、日本人の内面生活・精神生活に加へられた空虚或いは打撃は、今や非常に治り難いところまで来てゐると考へてよい。それは丁度外科的傷害は割合早く治るのに比し、年久しく次第に浸され進んだ内科的疾患は、容易に治らないのと同様である。今国民に求め問はれてゐるのは、真の人間としての精神性・道徳性・内面性ではなからうか。

それには曽て、しっかりした心構へを持った杜氏が先頭に立ち、愛情を籠めてじっくり時間をかけ麴を酒に育てて来たやうに、我々大人特に男性が確固たる信念を持ち、子供らの機関車となって情熱を燃やし、人間恢復のための教育が望まれるのである。
そして菊・蘭作りの特殊教育は暫く置き、江戸期の儒者細井平洲が言ったやうに、「人間教育といふものは農家が菜っ葉大根を作るやうに、出来のいいものも悪いものも一様に可愛がって、瓜は瓜なりに、茄子は茄子なりに作り上げることである」(安岡正篤著知命と立命より)。

(平成8年3月25日)

正気は畢竟誠の字に在り

冒頭毎回私事に亙り恐縮であるが、私は現在五十五歳。言はば戦後の歩みと共に成長し完熟(?)して、今壮年後半期を迎へてゐる。終戦後の数年、子供の頃とて自分自身の苦労は幸ひあまりないが、それでも衣食住の日常生活の厳しさは人並みに体験してゐる。そして刻苦勉励とまではいかなくとも、一応の努力を続け安泰の段階に入って来つつあると思ひきや、一昨年不摂生が祟り軽度の脳梗塞に倒れ、闘病と吾身の生き方の大反省を余儀なくさせられたのである。

何故このやうな他愛もないことを記すのかと言ふと、不遜な比喩でお叱りを受けるかも知れないが、現今の日本が当方と同じ運命を辿ってゐるやうに頻りに思へてならないからである。つまり大宇宙と片や小宇宙の共通真理といふ訳である。

○

先日、産経新聞連載の『甘辛倶楽部』の中で、

今の日本って昭和二十年の三月ごろじゃないかと思うんです

と、いみじくも加藤芳郎氏が発言されてゐた。政治が安定の一党から連立政権へ、そしてバブル崩壊に続き昨年の阪神大震災・オウム真理教一連の事件・学校のいぢめ社会、今年に入り住専・薬害エイズ・ＴＢＳ問題等々、政治経済宗教社会教育文化いづれも混乱逼塞の極に達してゐる。

外交評論家井上茂信氏は、日本は安全・教育・官僚の三つの神話が既に瓦解し、所謂戦後民主主義の危機に瀕してゐると断言して止まない。かく見ると正しく、第二の敗戦前夜

と言ふべきであらう。

○

今一度、吾身に返って深く人生に反省を加へれば、社会人となってよりは生活の安定から歳と共に暖衣飽食を重ね、神社奉務の傍ら日夜酒色ならぬ酒食に明け暮れ、健康管理を疎かにして成人病へと只管一直線。身体の不養生はもとより、精神面に於いても時と共に青雲の志は、いつの間にやら雲散霧消風化の体たらく。これ要するに、若かりし頃には自らあった心身に於けるガッツ・力の欠如が挫折を招いたこと、明々白々である。

さて翻って我国に、そのガッツ・力がありや否や。はやりの言葉で表現すれば、生成化育の宇宙根源のエネルギーとも言ふべき〝気〟の存在如何である。「今の日本にはその〝気〟がないんです」とは、先の甘辛倶楽部の記事でもある。

一口に〝気〟と言っても個人差があるやうに、国家にもそれぞれ独自のものがあらう。建国以来、父祖によって堅持或いは発揚されて来た日本国の〝気〟とは、思ふにかつて軍神広瀬武夫中佐が、

見る可し正気の乾坤に満つるを

一気磅礴して万古に存す
嗚呼正気は畢竟誠の字に在り
呶呶《どど》何ぞ必ずしも多言を要せんや

と詠んだ「正気」のことである。

戦前生まれの方は御存知であらうが、この『正気の歌』なるものは、菅公・大小楠公・松陰先生・南洲翁等の精忠義烈を織り込んで、古今将来にわたり貫徹してゐる不変の大精神を喝破した漢詩である。そして正気は、かうした歴史上の偉人ならずとも広く、草莽の一匹夫に至るまでが常に保持してゐたものだ。だからこそ、我国は生成発展しつつ幾多の困難を乗り越えて来られたのである。

○

詩中、「正気は畢竟誠の字に在り」とある。言ふまでもなく現今は、誠ならぬ虚偽に満ちた混沌の時代、つまりは一貫したまごころ不在の世相である。或る修養書によると、

人は、威力ないし人の行動のエネルギーの源をどういふものだと考へてゐるか

の問ひに対して、それはキリスト教的には「愛」、仏教的には「慈悲」、日本的には「まごこ

ろ」だと結論づけてゐる。

樫の実のひとつごころ――つまり栗の実と違って樫の実は一つの蔕《へた》に一つの実のみ、この単純さが「まごころ」の修辞に使はれて来た。我々は各自右顧左眄《うこさべん》せず、生来本然己れ一個の大和魂に目覚めかつ発現することが、この国の行末に再生を齎《もたら》す生命の源となるのではなからうか。

（平成8年6月24日）

清浄と正直　―内宮御鎮座二千年に思ふ―

本年お伊勢さん内宮は、御鎮座二千年の佳節を迎へられた。十八年前約十年間神宮にお仕へした者として、二千年の意義を改めて考へさせられる機会を持ち、また人にも求められて今日に至ってゐる。

もとよりその歴史・文化・信仰等の意義は、簡単に全てを言ひ尽せるものではないが、その一端の私見を茲に述べてみたいと思ふ。

○

神宮の式年遷宮或いは大嘗祭をも制度化確立されたお方は、申す迄もなく天武天皇であられた。天皇は古事記序文に、「道は軒后に軼《す》ぎ、徳は周王に跨《こ》えた」まうた聖帝。その優れた御治政数々の中に、冠位十二階の制がある。十二階位とは〝明浄正直勤務追進〟の各語を、皇族臣下それぞれに冠位として授けられたものである。

これらの語句は、恩師谷省吾先生の既に指摘される如く、この時代

大陸の思想の流入といふ趨勢の中で、おそらくは固有の道徳観念の存在と内容とに注意を払ってをられた天皇の、それを何らかの場所において表現して、人々の注意を喚起したいといふおきもちが、この位階の名としてあらはれてきたのであらう。

すなはち明浄正直勤務追進とは、我国固有の道徳観念の存在と内容に他ならない訳であるが、思ふに明浄・正直・勤務追進こそ実は、神宮二千年において国民に示し来たったところの、一貫せる大精神であったとも言へよう。

○

天照大神の倭笠縫邑奉斎以来、皇女倭姫命を御杖代としての各地御巡幸は、ひとへに清

地を覓めてのそれであったらう。その大宮処の気高さは、例へば平安期「帝の都」より「神の都」へ順次、清浄の身をもって赴かれた斎王群行の中にも偲ばれる。かく神宮は古来、神気満つる明かく清しき聖地に鎮まり坐す。そして二十年毎の式年造替によって、常に瑞々しい荘厳の社殿にあって、斎王はじめ神宮祠官の厳重なる潔斎斎戒を経た浄らなる身の中に、年中の祭儀が営々と斎行されて来たのである。

神道は殊更に明浄・清浄を尊ぶ。就中神宮にあっては、場所・建物・人・祭儀何れをとっても、今なほ確実に遵守せられてゐる事実を看過してはならない。

清（明）浄とは平たく表現すれば〃すがすがし〃であらう。神話に於いて天照大神の御弟須佐之男命が、八俣の大蛇退治の後櫛名田比売を得て新居を出雲の地に求め、須賀の地に至って「我が心スガスガし」と仰せられたあの言葉である。

清浄・すがすがしは従って、神宮悠久の歴史を鑑みつつ敢へて言挙げすれば、生命の蘇り恢復に通ずる生成発展への原動力と執らへてもよい。

○

次に多く言ふ迄もなく、古来〃正直〃はまさしく天照大神の御教とされて来た。中世伊勢神道の中では「神垂以二祈禱一為レ先、冥加以二正直一為レ本」の言葉が、大神の御神託として強調せられてゐる。また三社託宣のうち、天照大神の「謀計は眼前の利潤たりと雖も、必ず神明の罰に当る、正直は一旦の依怙に非ずと雖も、終には日月の憐を蒙る」は、正直を説いたものである。

そしてやがて、近世伊勢参宮・お蔭まゐりの驚異的な全国波及と並行し、正直は天照大神の教へのみならず、〝上古以来の神道の宗旨は正直なり〟(伊勢貞丈)、〝正直の一義は神道の異名〟(今西某)として、国民の中に深く広く浸透していったことは紛れもない事実である。

これを換言すれば、数千年前より自然の順応に即した農耕民族としての生きざまは、自ら正直の道として、又まことの心として結実し醸成されて日本人の国民性ともなって、今日迄受け継がれてゐることを忘れてはならないのである。

○

日本武尊が東国経営の道すがら、伊勢の地に立寄り給うた折、姨母君倭姫命に「慎之莫怠《つつしみてなおこたりそ》」と喩された記事は、我ら神道人の普く知る処である。この言葉こそ、「勤務追進」と揆を一にするものと私は考へたい。
正直も清浄も、只管なる勤務追進によってのみ保持実現されるのであり、現在ある日本人の優秀性はこの〝勤勉さ〟に象徴され、そしてこれによってのみ将来が約束されるのではなからうか。

（平成8年9月16日）

さらに深い真の宗教協力を

去る八月二日より三日間、比叡山宗教サミット十周年を記念し、京都において「世界宗教者平和の祈りの集い」が開催された。本サミットの行事内容の詳細は、本紙や他の諸報道機関等に譲るとして、その歴史的集ひに参加、また山上での平和の祈りに神社人として登壇し祈念の機会を得た者の、素直な所感を述べてみたいと思ふ。

○

平和の祈り式典後に発表された、今大会の総括ともいふべき「比叡山メッセージ」では、以来、十年の歳月が流れる中で、諸宗教間の対話と相互理解は着実に進められ、平和を渇望する宗教者の紐帯は、一層固く結ばれてきた。しかしその反面、現代が直面する地球温暖化による環境問題、貧困・飢餓と連動する食料問題、差別・人権や暴力・抑圧と絡む民族問題等、混沌とした世界の危機的な現実に対して、宗教がどれ程の癒しの働きかけをしてきたかを省みるとき、われわれは自らの非力さを痛感せざるを得ない。

と述べ、各宗教間の対話は確実に進められて来たものの、我々が直面する数多くの諸問題には、未だ十分有効な手が差しのべられてゐないとの反省が加へられた。

さらにまた急務の今日的課題として、「近代科学の急速な発展は、地球生態系を破壊し、自然・環境との共生に背いてきた」との認識のもとに、「環境の保全と生けるものとの共栄」が特に強調されてゐる。

案ずるにこれまでの宗教間の対話と併行して、新たに全地球生きとし生けるものとの共存共栄志向に大きな比重がかけられて来たことは明らかである。

○

言ふまでもなく我々人間、日々生活をしてゐるといろいろな問題が惹起し、かつ遭遇もする。大は宇宙地球規模のものから、小は家庭或は個人単位のたぐひまで。その種類は非常に豊富雑多である。しかし幸ひなる哉。わが父祖達が守り伝へて来た神道の中に、解決策を求めると必ず見出せるやうである。

事実先人は、出口延佳の「それ神道と云ふは、人々日用の間にありて、一事として神道にあらずと云ふ事なし」との名言を俟つまでもなく、神道を依り所として困難ななか活路を見つけ、道誤たずに導いてくれた。まさに神道は、汲めども尽せぬ真理の泉、また古くて新しい蘇りの水と言ってもよからう。

これは決して、ひとり神道だけではないかも知れない。否、内外の他宗教の人々も、各々が信奉する教への中に道の規範を見、そこに絶大の信を置いて生命をかけて日常の生活に勤んでゐることを忘れてはならない。

従って我々は、まづ宗教間でお互ひを認め合ひながら、野に咲く草花の如くそれぞれが個性・特色を発揮しつつ、広い意味での地球浄化のために邁進することが肝要である。故にこそ神道は、

天地の神にぞいのる朝なぎの　海の如くに波たたぬ世を
との御製を奉唱して、万物の共存・共栄を提唱し、もって平和で穏やかな世の到来を祈ったのである。

○

宗教サミットの初日、国連事務次長明石康氏の講演はさすがに、第一線で活躍され世界の情勢を熟知されてゐるだけあって、多くの人々に感銘を与へた。その明石氏は、「各国に規律を課してゐた米ソ二極構造崩壊後の間隙を埋めるのは、宗教指導者である」と断言されたし、また此度の世界宗教者の集ひは、殊のほかマスコミも大きく取上げてをり、宗教者への期待の深さがはっきりと窺はれる。

我々が今抱へてゐる問題はあまりに多く、その解決にも幾多の困難が横たはってゐる。しかし神社人を含め宗教者は、期待に応へねばならない。そのためには宗教といふ叡知の泉を頼りに〝日用の間〟小さな事からでも、お互ひが信頼と実践をもってしっかりと地に足をつけ、今まで以上に力をあはせる必要があるのではなからうか。

（平成9年9月1日）

酒に学ぶ

本年は早い時期、台風の連続上陸かつ冷夏気味ではあったが、八月以降の天候が幸ひし、稲の収穫量は大むね良好に落着いたやうである。そして、全国津々浦々の秋祭りもそろそろ終はりを告げる昨今、新米でといってもその好適米であるが、酒造りが既に各地の蔵で始められてゐる。

言ふ迄もなく古来我が国民《くにたみ》にとり、今年の米は明年の「生命《イ》の根《ネ》」としての貴重な食糧であった。そして正月には餅にして一年の無事を予祝し、また酒にも醸して栄え水としたのである。

○

「国にはそれぞれ匂ひがある」と、誰かが記してゐた。例へばジェット機で飛行場に降り立った時、西欧ではバター・チーズの薫りが、お隣り韓国ではキムチの、そして日本はカビ・酵母の匂ひがするといふ。考へてみればさもありなん、我々日本人は酒はもとより、味噌・醤油・酢等々数多くの醸造物を日々の食品としてゐる。故に酵母・カビの生活が日本文化の一部である、と言ってもあながち大袈裟ではあるまい。

「神は彼霊なり」(平田篤胤)「神は隠霊なり」(八田知紀)と、説くところの一、二神の語源は霊妙不可思議な比《たぐひ》・物から由来するとされる。さらに「神は噛・醸と同語なり」(大国隆正)ともいひ、神とカビ・酵母の関連性が窺はれて興味深いものがある。かく見ると実に、酒造りとはその神の発現を期し、熱意と愛情そして祈りを濯ぐことであった。然るが故に、ある酒屋の家訓『酒造十戒』の一に、〝醸神は浄心に宿る〟としまた〝一、正直たるべし〟とも戒めて日常の生活を律しつつ、酒造りに心魂を傾けて来たのである。

周知の通り酒造りは、良質の米とその土地々々で湧き出る真清水と、厳しく或はやさしい気候風土、加へて磨かれた杜氏の技との和によって将来する。つまり酒は、天の利・地の利・人の利の混然一体なるものが結実した最高の芸術品である。

優れた文化・民族に麗しき酒ありとはこのことで、我々は〝酒〟の中に多くの学ぶべきものを持ってゐるやうである。

○

かつて本主張欄に『心を醸す教育を』と題し、「愛情を籠めてじっくり時間をかけ麴を酒に育てて来たやうに、確固たる信念を持ち情熱を燃やし、人間恢復の為の教育が望まれる」と記したことがある。今もその考へは変はらない。否むしろ〝神戸事件〟の酒鬼薔薇少年が出現した今日、殊更思ひを深くするものがある。

醸す教育とは、窮極する処酵母より酒が造られて行く課程に於て、生きとし生ける小さな生命へのおもひやり・誠心の集約発露であると言ってもよからう。昨今のブームとしてIQよりEQ（こころの知能指数）とか、左脳より右脳活用をと盛んに叫ばれてゐる。心理学で言はれる〝共時性〟に似て、意識無意識を超え万人が目指し向かはんとする趣意は、大方同様のやうに思はれる。

すなはち具体的には、これまでの知識偏重より人間性尊重の教育志向であり、高度成長を齎した科学技術至上主義から、ゆとりのある万物共存共生への道である。昔ながらの酒造の技の中に、現代に生きる知恵が隠されてゐるとすれば、このことに外ならない。そしてまた、酒造りは米の文化なるが故にその花実たる神道にこそ、多くの真理を見出し得ると断言出来よう。我々は足元を見つめ、自信をもって神ながらの道に身を置きたいものである。

○

思ふに米と水そして小さいが、無限の可能性をもったカビ・麴から酒を造ることを為し得たのは、稲作りに由来する正直の道に他ならない。米は日本人にとって今なほ生命の根であって、その稲の核《ものざね》の雫が酒とするならば、酒は肉体的にも精神的にも我々の活動の源・生命の蘇り役を果して余りあるものがある。

結びにあたり、〝千古豊醸・醸芳栄寿〟の言葉を呈して、ひとまづ本稿を終へさせていただく。

（平成9年12月1日）

平成のお蔭参り

「お伊勢さん　初まゐり」が本年より実施された。京都府神社庁も去る一月二十・三十一の両日、総勢百数十名が参加して賑々しい旅立ちであった。もともと京都は神宮へは日帰り距離にあり、例年各神社の多くが伊勢詣をして来た上での催行である。

この本庁企画の初まゐり体験を通して得た、今様参宮の所感を以て主張にかへたい。

○

江戸時代のいはゆるお蔭まゐりは、慶安・宝永・明和・文政・慶応と五回約六十年毎に発生してゐる。記録によれば月数百万人の群集が押しかけたとも伝へられ、当時の人口比率から言っても、また交通事情を考慮しても実に驚異的と言はざるを得ない。一方近年のお伊勢参りは、先の遷宮後の八百二十万人（平成六）をピークに以後、六百十五万人（平成七）、六百七十万人（平成八）となり、時期的にも概ね一月に集中してゐるやうである。

〽伊勢へ行きたい　伊勢路が見たい　せめて一生に一度でもと、伊勢音頭に謳はれてゐる如く、江戸時代の庶民は生涯一回だけでも参宮を懇望してゐた。しかし現代は一年に一度の割で、気軽にお参り出来る大層恵まれた御時世である。この利便性を生かして、より一層魅力のあるお伊勢詣が切に望まれよう。

「お伊勢さん　初まゐり」の募集要綱には、

昭和六十二年より推進中の「一千万家庭神宮大麻奉斎運動」の一環として、「御鎮座二千年奉祝参宮団」に引続き参宮旅行を積極的に展開し、参加者に対し神宮の御神徳と神宮大麻の奉斎についてより深い理解を促すことを目的に実施するとあり、我国の大親神としての神宮参拝が、日本の心の覚醒に期するところ大なるものがある。また要綱は続けて、「特に豊受大神宮（外宮）の参拝を促進し……」とある。古来江戸期を含め、まづ外宮、後に内宮が常道であったことを思へば、まことに的を射た参宮運動である。何よりも両宮あっての神宮であり、二つながらの参拝決定が殊更に必要となる。

○

此度の京都からの初まゐりは、両正宮のほか同神域内の別宮全てと月読宮・倭姫宮等を併せて、十一宮の大前に額づくことが出来た。よってそのお蔭も一入といったところで、普段得られぬ種々の御神域に触れ預り、口々に有難さを語り合ったものである。

そもそも今回の一行は、府下神社界の友好団体、例へば総代会・敬神婦人会・氏子青年会など九団体の混成チームであったが、この輪をさらに多くの一般の人々へも徐々に拡げて、念願の国民総参宮の実を挙げなくてはならないと確信した。

かつて中国人で、我国に亡命の胡蘭成といふ方がをられた。胡氏は神道に造詣が深く、真の文明は日本神話の中にあり、これを〝高天原の風景〟と表現された。その風景とは、稲づくり・ハタ織り・音楽など、そしてそれを総合して祭りの文化を意味する。かくすると多く語る迄もない。

神宮こそは、生きた現在の高天原の風景である。

いはゆる伊勢神道の説く「元々本々」とは、皇大神の託宣として倭姫命ののらせ給うた御教であるが、世界規模の混迷の中、我々は元本・源初に立ち返り、高天原の風景を体験することが、文明の開明蘇生の道につながるのではなからうか。その意味でも平成のお蔭参りは、是非とも続行していきたい。

○

倭姫命と申せば、斎王として最初の皇女であらせられる。一同は帰路『斎宮歴史博物館』へも立ち寄った。館内の数多くゆかしい展示品はもとより、大型スクリーンに映し出される歴代斎王の大神に仕へ奉る尊さ・厳しさ・なつかしさが深く実感されて余りある。

そして〃慎しみてな怠りそ〃との倭姫命のお言葉がふと脳裏によぎり、今後我々の進むべき指針を明確に示されてゐるやうに思はれた。

（平成10年5月4日）

研修・教化は神道人のつとめ

ある母親が、「うちの子供のしつけは一体どうなってゐるんですか」と、学校に乗り込んで来たとのこと。先生の方も心得てゐて、最近は勉強よりも生活指導に重きが置かれてゐるらしい。それでは勉強は何処でするのかといふと、学習塾である。昔はやった歌〝山口さんちのつとむ君〟ではないが、「この頃少し変よ」が、教育界を含め昨今の我国の現状のやうである。

いみじくも司馬温公は、「養ひて教へざるは、父親の過ちなり」と言ってゐる。子供に人たる道を教へるのは、父ならずとも親達の責任であることをこの際、しっかりと嚙みしめたいものである。

○

今は夏の真盛り。各所で種々様々な研修・講習会等開催のシーズンでもある。ちなみに八月の京都府神社界では、恒例の直階権正階検定講習会・雅楽研修会・禊祓錬成行法が、そして本年特に神道講演全国研修大会も開かれる。猛暑厳寒が自他共に研鑽に適してゐるとのことであらう。もっとも冷暖房施設完備の今日、その効果の程は兎も角、物事の集中性にまづ意義があると見てよい。

そして各種研修に於て〃学ぶ〃は〃まねる〃から来てゐる通り、めざすところはいづれも真・善・美を只管模倣追求して、わがものにするにあらう。故に、

良師は以て須らく宝と為す可し
良友は以て須らく鑑と為す可し

の言葉通り、常に良き師につき良き友と交はり、至誠実践の模倣に徹して自己を啓発し向上させ、さらに人の世のためにまことに役立ってはじめて完了するのである。

神道にあっては幸ひ、古来良師良友はもとより、真善美の道を説く優れた古典・神書・伝法・伝承にこと欠かない。研修講習を通しそれらを会得して、神道興隆のために各自が尽力されることを期待したい。

○

本年三月、神社基本問題研究会の報告書が提出された。そのうち〃神道教化の基本事項

について〟は、神社の本質的な精神を正しく伝承することを目的とする教化にあって、
　神道の教化活動を考へる場合、常に時代的背景をもって今日に至ってゐることを、充
　　分理解しておかなくてはならない
とし、
　時局は益々流動化して混迷してゐるが、この中には神道の基本理念によってのみ将来
　の発展を期待し得るものが含まれてゐる
ことが強調されてゐる。そして教化実践にあたって、神職自身がその見識を高め、社会の
師表たる人材を養成し、「自信を持って今こそ神道教化に力を入れるべき秋」と結んでゐる。
　思ふに戦後、神道はあくまでも日本の良識として西欧の民主主義・共産主義の行き過ぎ
を矯める、車で言へばブレーキの働きをしてきた。しかし今後は、真の国造りのためのア
クセルの役割を果さなければならない。時代の変化はまことに激しく厳しいが、日本国の
正常化は神道があって初めて出来るものと確信する。　〇

明治天皇は、

うつはには従ひながらいはがねも　とほすは水の力なりけり

と、水の柔にして剛なる無限の力を御製の中でお詠みになられた。また支那の儒家王陽明は、「常に己の進路を求めてやまざるは水なり」と、積極的な水の不断流行を称へてゐる。かく日頃親しい〝水〟の性質・現象の中にも、多くの貴重な生きる道・教へが読み取れる。

今世情は、政治・経済・教育・社会共に混沌襤褸の態しきりである。しかし

幾そたびかき濁しても澄みかへる　水や皇国《みくに》の姿なるらむ　八田知紀

を信じつつ、我々神道人一人一人が研鑽教化に専念したいものである。

（平成10年8月24日）

真の日本人再生を期待する

本年は全国的に天候不順、特に関東東北北海道は冷夏長雨、加へて他の地域も台風の矢継ぎ早の上陸で被害は多く、農作物のうち稲の作柄も五年ぶりに不作とのことであった。

我国は古来、地震の頻発また毎年の台風襲来等で厳しい地理的条件に置かれてゐる。し

かしさうした環境の中でも、先人達はその対策に努力を重ねつつ、安全平和で豊かな暮らしづくりに専念して来たのである。

この秋は雨か嵐か知らねども　今日の務めに田草取るなり

といふ歌から窺へるやうに、将来はともあれその日一日を精一杯生きて行く姿こそ尊いのではなからうか。そしてこの日本人の勤勉さが、今日の繁栄を齎らしたとも言へよう。

○

ある修養書に、次のやうな話が紹介されてゐた。時は安土桃山時代と言へば豊臣秀吉の頃、彼とその家臣で後に大名になった黒田孝高（号如水）との対話である。

一介の足軽から天下人に昇りつめた絶好調期の豊太閤が、

「いまは、すべての点において豊富だが、その中でも、もっともありあまるものは何か？」

と問うたところ、如水は、

「人でございます」

と答へたさうである。そして後年、朝鮮出兵等で失敗をし晩年不遇の秀吉が再び如水に、

「そろそろ物質的に不自由や不足が目立つやうになったが、いまいちばん足りないもの

は何か？」

と質すとやはり、

「人でございます」

と即答したといふ。

この逸話は、数年前のバブルとそして今日の崩壊期に酷似してゐるやうにも思はれる。いま日本は、政治経済教育社会どの分野を見渡しても、人間は多いが人材不足であることは否めない。

それかあらぬか産経新聞の談話室十月テーマ（十一月七日掲載）は、『今、必要な指導者とは』であった。参考に入選投稿の表題だけでも二、三挙げると、曰く、人を動かし決断できる人・第一に人々の幸福を願ふ心・知恵と徳高き指導力を熱望・誠実に信頼の基盤を築け・自他ともに厳しい指導者の出現を、等々となる。果して我々が望む人材は一体いづこにかある。

○

思ふに現在不足しつつあるのは、実は指導者ならずとも真の日本人そのものの存在ではなからうか。かつてキーリングは、『くたばれニッポン人』の中で、「日本には二種類の人間がゐる。〃日本人〃は素晴らしいが〃ニッポン人〃は醜い」と評してゐた。その〃日本人〃とは、大和言葉ではますらを・サムラヒ、そして女性ならばたをやめ・大和撫子と表現され得よう。

我々の父祖先輩達の多くは、毅然として礼儀正しく、克己心があり人情深く、哲学信念を持つ洗錬された文化人であった。しかるに、戦後この方、一口で言へば短小軽薄なニッポン人の繁茂隆盛が、国を危ふくしてゐると言へばいささか過激であらうか。

明治維新の成功は、もとより優れた指導者の輩出によるものとされるが、それに答へかつ支へた無数の真の日本人がゐたことを忘れてはならない。翻って今日、確かに高潔で勤勉そして道義心ある豊かな日本人は少なくなりつつあるが、全国津々浦々所謂神社人を含め愛国憂国の情厚いますらを・たをやめの健在を、なほ折々確認し得るところでもある。我々はここに一縷の望みを託したい。

○

先頃文部省は、平成十四（二〇〇二）年度からスタートする完全学校週五日制に備へ、これまでのつめ込み主義から教科内容三割減ゆとりの新学習へと転換することを発表した。加へて国旗・国歌の指導強化をめざすとの由である。

願はくはこの際、百年の大計をもって真の日本人形成のための道徳と、そして歴史・国語の充実をも切望して止まないものである。

（平成10年12月14日）

日本人共有の心を求めて

近年日本人の心を歌ふ演歌は大ヒット曲もなく、低迷を続けて久しいやうに思はれる。その原因にはいろいろあらうが、一に我国は大変豊かになり悲しみ苦しさを味はふ飢餓感が乏しくなったことと相俟って、生活の多種多様化が進み日本人共通の心・情景が少なくなったからだと言はれる。

例へば〽上野発の夜行列車降りた時から、青森駅は雪の中……これは御存知石川さゆりの『津軽海峡・冬景色』の一節であるが、あの哀愁を帯びた夜行列車は今ほとんどなくなってゐる。また美空ひばりが唄ふ『悲しい酒』〜一人酒場で飲む酒は……のセリフにあるやうに、酒場の片隅で女がひとり失恋の酒を傾ける光景もなく、昨今飲み屋内の半数は若い女性客で賑はってる。

つまりその歌を聴いた人々が、「実は私もさうなのよ。さうだったのよ」といふ共感の得られる場面が、あまりにも希少になったがためであらう。明治以降日本の心・情景を織り込み、親から子、子供から孫へと歌ひ続けられて来た文部省唱歌も、正式には教へられなくなったと聞く。洵に淋しい限りである。

さういった亡び行きがちなる日本人の共有、同一性、大きく言へばアイデンティティは、しかしまだまだ健在である。その最たる大本・根源が皇室であり、神宮・神社であり、また国歌国旗でもある。

国歌「君が代」国旗「日の丸」は、良識ある人々の不断の努力により正常化の方向へ進んでゐるものの、今猶受難の道を辿って確たる市民権を得てゐない。先頃広島世羅高校長の自殺で、一挙に法制化論議も聞かれる。国際社会にあって、日本人一人一人が正しい国民意識に目覚め、自発的に誇らしく日の丸を掲げ、君が代を高らかに謳ふ日が来ることを願って止まない。

先日本年もお伊勢さん初まゐりに参加したが、『瑞垣』一八一号には小辻弘文さんが〝衛士の目〟と題して、明治以降現在までの参拝者数の動向を紹介されてゐる。それによると、正式に統計がとられるやうになったのは、約百年前の明治二十八年からで両宮合はせて一〇〇万人台。漸次増加して戦前のピークは、昭和十五年の七九八万人であった。戦後は再び一〇〇万人台にまで減少したが、「その後徐々に増加に推移して、昭和二十八年の遷宮期には四〇〇万人台、昭和四十八年の遷宮期には八〇〇万人台、更に平成五年第六十一回遷宮期には八三八万人を記録し、平均して現在六五〇万人台で推移してをります」とのことである。

我国の全人口に比してこの参拝者数が、果して多いか少ないか論の分かれるところであらうが、「お伊勢さんは良い所である」「いつ来ても心がなごむ」と言はれるのは、やはり神宮が日本人の心のふるさととして、しつかりと根付いてゐる証しでもあらう。

奈良県が当番で、三月初旬には〝近畿中堅神職研修会〟が開催され、その講義内容は今年特に国学と古典研究に重点を置き、万葉集や宣長の『菅笠日記』が取り挙げられてゐた。

思ふに日本人共有の大事な宝の一つは、日本文学そのものではなからうか。
二月十六日産経新聞「正論」の中で、渡部昇一教授は

人種的に見た日本人、国籍から見た日本人は多様化するであらう。しかし文化的に見た日本民族は、日本文学のエッセンスを共有すべきであり、さうさせることが教育の最大目的の一つであるべきだらう。

と強調され、現代の民族性希薄な日本人教育の具体的目標として、日本文学に光をあててゐる。このことは正鵠を射た至言であり、神道人自らが率先して今迄以上に、日本文学の究明研鑽に努める必要を痛感するものである。

以上本稿は、演歌・神宮そして日本文学と三題咄めいた構成となったが、国歌国旗問題に象徴されるやうに、戦後の義務教育の欠陥によって招来した〝国家への帰属意識薄い日本人〟から真の日本人再生へのヒントを、拙いながらも考へて見た次第である。

（平成11年4月5日）

水に学ぶ

本年の梅雨は、二度の集中豪雨に見舞はれる程、例年にない雨の多さである。先月末京都府神社庁では広く府市民に呼びかけ、自然保護・環境保全の立場から神・命・文化宿る神社の森の重要さを認識してもらふため、『鎮守の杜フェスタⅡ』なるイベントが実施された。

当日あいにく直前大雨が降り、野外活動は急拠中止となったが、安田喜憲（環境考古学者）・櫻井崇（五所駒瀧神社宮司）両講師による中味の濃い杜の話に、数百名の聴衆は熱心に耳を傾け、時節柄一般市民の関心の深さをまざまざと見せつけられた思ひがする。

会場がちゃうど松尾大社といふこともあって、「酒は神も人も元気づけるが、雨水は生きとし生けるものを蘇らせる。故に雨も又佳し」と、秘かに内心考へたものである。

世に『水五則』なる真言がある。曰く、

一、みづから活動して、他を動かしむるは、水なり。

二、常におのれの進路を求めて止まざるは、水なり。
三、障害にあって、激しくその勢力を百倍し得るは、水なり。
四、みづから潔うして他の汚濁を洗ひ、清濁あはせいるる量あるは、水なり。
五、洋々として大海を満たし、発しては霧となり、雨雪と変じ霰と化す、凍っては玲瓏たる鏡となり、しかもその性を失はざるは、水なり。

と。水は万物の源、この宇宙船地球号に水あればこそ、生命が誕生し、今日我々が存在することは言ふ迄もない。かかる故に西洋の諺にも、「水は最古の薬、水は賢く使へ、水は命、その一滴を大切に」ともある。

いづれにしろ洋の東西を問はず、古来先人達はこの親しい〝水〟の性質・現象を巧みにとらへて生きる多くの貴重な道を見出し、示してくれてゐる。以下もう少し、水についての我々を鼓舞し勇気づける好言を挙げつつ、論を進めてみたい。

日本は源流を五十年来濁しっぱなしにして、そして今、下流のどぶさらひにあたふたともがき、懸命になってゐる。それが今日の様相ではないか。

とは、座談『今　何が大事か』の中で幡掛元少宮司が伊勢の神苑から、発せられた警鐘である。

我々はこの汚濁の世をもっと直視し、水の「源泉混混として、昼夜を舍《を》かず、科《あな》に盈ちて而《しか》る後に進み、四海に放《いた》る」(孟子) 性に気づき、まづ以って原初に立返りこれが清浄を期さねばなるまい。そのためには神道人を含め、真の日本人一人一人が世直しへの熱誠を心懸くべきである。つまりは日本再生への立志・至情の発動が待たれる由縁である。

『西郷南洲遺訓』に、「一志既に立てば、百邪退聴す。之を清泉湧出せば、旁水渾入することを得ざるに譬ふべし」とあり、又雲煙は、風雨は、雷霆家共に已むことを得ざるに聚り、洩れ、震ふ。斯に以て至誠の作用を観る可しである。

先の座談本で、ＮＨＫ大河ドラマ『元禄繚乱』に及び、現今の平成混乱の中にあって〝先君ご無念！〟の悲愴緊迫感欠如も指摘されてゐた。すなはち我々が置かれてゐる現代日本の危機に、もっと敏感になるべきではないのか。そして特に、戦後喪失或は蔑ろにされてきた、「汪々として大海のごとき」神ながらの正道を取り戻すために、必死の気概と迫力に徹し集中する秋ではなかろうか。

風そよぐ奈良の小川の夕暮は　みそぎぞ夏のしるしなりける

又レオナルド・ダ・ヴィンチの曰く
　鉄も使はなければ錆び、水も用ゐなければ腐る。人の知力も又絶えず用ゐなければ、
　結局退化する。
我らは只管水に禊して、日々の汚濁を洗ひつつ玲瓏清浄な心身を持し、泉の如く湧き出づる英知を結集して率先垂範、現今の窮地を乗越えたいものである。

（平成11年7月26日）

神道講演に思ふ

我々神職にとり、祭典後その参列者の前で挨拶をする機会はよくあることである。まして一社の宮司ともなれば、その数は限りなく多い。通り一ぺんのスピーチで済ませれば、それはそれで良いのだが、やはり聞く人の心を動かす気のきいたものにしくはない。神道教化の方法にはいろいろあらうが、社頭挨拶・講演は、我々に与へられた絶好のチャンスとも言へよう。

私事に亙り恐縮であるが、九十余年生涯の大半を神道講演に身を捧げた母を持つ当方にとり、神道教化としての社頭講演は母亡き今、吾身に課せられた重要命題と受け止めてゐる。そして粉骨砕身とは少し大袈裟だが、その継承の活路模索・開明に全力を上げてゐる昨今である。

かつて本庁の庄本光政教化部長は、『神道教化概説』教化方法論・⑴言語を通ずる教化の中で〝社頭講話〟に触れ、

戦後、神社本庁でも地方講師の養成などにも努め、また、神社本庁講師石井寿夫、佐古幸嬰両氏の献身的活動によって神道講話法が各地に伝播することとなった。しかし、折角、この講習などによって志と技術を得たものが、十分活用されてゐないとの声を聞くのは残念である。

と記されてゐる。文字通り遺憾ながら、今猶その一歩をも出てゐないと言はぎるを得ない。

文中にある石井・佐古両講師を師と仰ぎ、神道講演研修の名の下に組織された同志の集ひとして、北海道同志会・二柱会（東北）・霊峰会（東海）・斎庭会（神宮）・神奈備会（近畿）・西日本同志会がある。現在これら会員三百名神職が大同結集して「神道講演全

国協議会」と称する。そして毎年のやうに、神社本庁支援により〝全国研修大会〟が開かれ、両講師亡き後も火は消さじと昨年京都、本年東京にて催し一応の成功を収めてゐる。

しかし、問題はここからである。

以前講演協議会の村田和之現会長が、両講師に「先生の意に叶ふ後継者は、何人をられますか」と率直に問うたところ、わづか「数人」との答へが返ってきたさうだ。今思へば晩年の母を身近に見て、時世の悪化と相俟って表現の例へは適切でないが、〝笛吹けど踊らず〟一種の無力・失望感をしきりに抱いてゐたやうである。

古来言挙げせざりし神ながらの道は、戦後止むに止まれず積極的な神道教化活動を展開して来た。そして教化の一手段としての神道講演が、今日も必要不可欠であることは既に自明の事実である。否むしろ言霊の幸ふ国なればこそ、至誠・真心を以って雄叫びしつつ神道を説いて行かねばならない。

「神意の奉行を社会的に実践することが、教化活動である」また「教化活動は第二の〝まつり〟」とも、前出の『教化概説』で庄本部長は力説されてゐる。昨今、〝守りの教化〟から〝攻めの教化〟が叫ばれてゐるが、神道講演が果すべき役割は、将来に亙って実に大きいものがあると言へよう。

　さうした趨勢を鑑み、本庁が中心となって神社界が優秀な神道講師養成に力を入れ、組織的・機能的に取組むことを望むものであるが、それと併行して石井・佐古両講師の薫陶を受けた協議会の面々が一層の自覚を深め、率先垂範講演道に没頭してゆかねばなるまい。神道講演のむつかしさは、今更言ふまでもなからう。そのハードとソフトの一端を述べるならば、己が神道理論の樹立そして深く篤い信仰心と、強靭な信念燃えるばかりの情熱を内に秘めて、論旨にまとまりを見せ豊かな内容、聴衆の心を揺《ゆる》がす涙・ユーモアを含んだ巧みな話術、即ち「志と技術」にある。これが完成のためには、ひたすら数多くの実戦を積みつつ自己研鑽に待つほかあるまい。

　「後継者は数人」かも知れない。しかし志ある神職各自が、吾こそはその一人であると観じ、両講師をはじめ先人達の悲願大望を受継いで、新しい神道講演道確立に向かって奮起努力しようではないか。


（平成11年12月6日）

正気時あってか光を放つ

この春神宮道場で、本庁研修所主催恒例の〝指導神職研修会〟が開かれた。その折何故か「リーダー論」を私が受持つこととなり、いささかの戸惑ひと僭越の念を抱きながらも勤めさせていただいた。

テキストは、伝大江匡房作『闘戦経』なる兵法書である。あの日本海海戦で、「本日天気晴朗ナレドモ波高シ」の電文を起草して有名な秋山真之中将の高弟に寺本武治少将がをられた。少将はかつて英国視察の節、「戦ひの勝敗を決するのは、兵器の優秀に因らず、実に統帥（リーダーシップ）の卓抜に係る」と鑑じ、海軍大学校で〝統帥〟の講義に『闘戦経』を用ゐられたとされる。

その寺本少将の講義録は後、恩師竈山神社中野清宮司が受継がれ、五典書院で活字にもなってゐる。本書はまことに奥が深く、当方凡愚なるが故に今平易に内容を解説し難いが、真理とは如何なるものかの雰囲気を味はふには意義があるので、御興味のある方は読んでいただきたい。

　さて評論家の櫻田淳氏は、今は亡き黒澤明監督の名作『七人の侍』の中で、ある侍の一人が、「勝ったのは俺たちではない。百姓たちだ」とつぶやいた場面を取上げて、「戦後の日本とは、百姓が勝って侍が消滅した時代だ」と看破された。

　さらに福田和也氏は、爾後のコメ共同体的戦後民主主義を批判したのち、同じく

> 近代日本にも生き続けてゐた武士の精神が止めを刺されたのが、昭和二十年の敗戦の時……国柄にかかはる武士的な精神と価値観、忠誠、勇気、愛国心などが解体されて、日本人に対する刀狩りが完成したのです。

と指摘されてゐる。しかし「みんな仲よく、全員一致の共同体の外側にゐる、果敢と決断をこととする人間がゐなければ、その平和も安定も砂上の楼閣にすぎない」と述べ、武士の役割輩出を期待してをられる。そして江戸時代全人口中の武士の比率は四%から五%ぐらゐ。今日もしせめて一%くらゐの人が非常の決断さへすれば、日本は立直るのですと結ばれてゐる。

　戦後五十有余年、占領軍粗製乱造のエセ民主主義の中にあって、敢然これに抗して国を

憂ひ大和心を持しつつ、武士の役割をしてきた集団は誰あらう、それは神社界ではなかったかと今にして思ふ。そして斯界の中で非常の決断を行使し得る使命をもったリーダーこそが、これからの日本の歴史をつくっていくのである。茲にリーダー出現待望の由縁がある。

東洋学の大家安岡正篤師は、「民族の根本問題は個人と同じことで、気力の問題であります」と言はれた。

そして「ただ愛だ、平和だ、文化だのいっても民族、家族が正気を失って惰弱になってしまっては、日本の前途は非常に暗い」とも。バブル崩壊後の日本は、正しく一世の良心・気概喪失の時代であると表現されないだらうか。

私は先述の神職研修会で本年辰歳にちなみ、垂加神道教へるところの〝龍雷之伝〟を披瀝し、何事を為すにもその源泉は、進取積極の気性をひたすら堅持するにあることを強調した。さらに素人ばなしであるが、人間の脳の一番奥部分はR（爬虫類）複合体と呼ばれる恐竜の働きがある。それを取巻く辺縁系には、哺乳類の祖先共有の脳が。かつ外側新皮質は霊長類としての理性知性脳があり、その三位一体で人間脳が構成されてゐる。根本的には三者の力のバランスの上に成り立ってゐるとの学説を引き合ひに出した。

そしていささか牽強付会のきらひもあるが、それぞれを知仁勇と剣玉鏡に比定して、龍の脳たる勇・剣の積極不屈の性を振ひ立たせて行かねばならない。則ちリーダーはまづ、己一個の有血性男児（血の気の多い男）となりきって、気力・正気を充実させることが先決である、と述べて講義を畢へた。

「正気時あってか光を放つ」とは、水戸の碩学藤田東湖の言葉である。生気を持った我ら神道人の一人一人が非常の決断をもって臨むならば、やがて国を動かすもとゐとなることを、肝に銘じて歩みたいものである。

（平成12年6月19日）

（三）「神社新報」やまびこ

日本酒のすすめ

日本人の米離れが取り沙汰されてすでに久しい。そのお米を原料として造られる日本酒もまた、旗色が大分悪いやうである。特に若者の清酒離れは、顕著といはれる。加へて物質面の豊かさは、酒の世界にも及んでをり、多種多様なお酒が出廻ってゐるのが現状である。

試みにホテル等での結婚披露宴に出席すると、まづ乾杯の音頭にはシャンペンが用ゐられる。そして、それぞれ料理に合はせて赤・白のぶどう酒が、またその合間にビールやウヰスキーの水割り、果てはチューハイといった調子である。日本酒に至っては、ややもすればこちらからわざわざ注文しないと、出て来ぬ時さへある。

かうした日本酒離れ現象を、ある人がたくみに表現して、

「長年連れ添ってゐた古女房に飽きがきて、ビールの泡立ち姿・ウヰスキーの色香に眩惑されて、浮気心を起してゐるだけだ。やがては元の古女房のもとに帰って来るさ」

と。が、事はさほど楽観視できないのが実情のやうだ。

◇　◇

もともと酒、特に「民族の酒」は、その国々土地々々で多量にとれるものを原料として造られてゐる。葡萄の豊富な地方からはワインが、麦の産地ではビールが、玉蜀黍《とうもろこし》の収穫地からはとうもろこしの酒といったやうに。日本酒も、その例外ではない。古来我国は〃豊葦原の瑞穂国〃として、米を主食としてきた。そしてその余った米から、あの豊醇な酒が造られ飲まれてきたのである。

俗に〃身土不二〃といふ言葉がある。人間は、生まれ育った土地から成育する作物を食べることが、もっとも健康によいとされる。かく考へると、日本人が清酒を飲むのは一番理に叶ったことでもある。

さらに踏み込んで米の持つ神聖さを強調すれば、日本人にとり米すなはち稲は命の根であり、米の精が酒の雫となって我国人の生命をうるほしてくれたのである。従って極論すると、日本酒離れ・米離れは日本人、あるいはその文化の喪失につながる由々しい問題と言へなくもない。

ここでなにがなんでも日本酒絶対！を主張して、酒の攘夷論を持ち出すつもりはない。有史以来我国は、外《と》つ国の文物を素直に貪欲に取り入れ、やがてわが物にして来た。長い目で見れば、酒もまたしかりであらう。

◇　◇

酒の多種多様化は、酒類全体の消費・品質のレベルアップにつながり、むしろ歓迎すべき現象である。しかし、フランス人があくまでもワインを愛飲し、ドイツ人がこよなくビールを愛でるが如くに、日本人は清酒を誇りとし、大切にする節度の心を失はないことが肝要かと思はれるのである。

（平成4年5月18日）

父よ、強くあれ

「朝食は誰と食べますか」といふ、三歳から十五歳までの子供の食生活調査がおこなはれ、両親と一諸が全体の三〇％で、子供だけが二五％といふ結果が出た。ちなみに夕食は、両親と一諸が五〇%である。これは双親の共働き・父親の単身赴任・子供の塾通ひ等がその原因に挙げられようが、食事での一家団欒・家族の触れ合ひの場が失はれつつあることを如実に示してゐる。親子の対話がなくなれば、自然子供のしつけも疎かになってしまふ。

先頃の新聞で、一部高校生の集団無法ぶりが報道されてゐた。登下校電車の中、座席に鞄を置いて二、三人分を平気で占領、乗車ドア附近での女子生徒のおしゃべり、さらに悪質になると、車内通行人の足をひっかける、女性のスカートをめくる等々、まるで無法地帯である。会社側はあまりの非礼さにしびれを切らし、学校当局へ厳重に抗議し、学割停止も辞さないとも言ってゐる。

◇　◇

我国は、戦前の大家族制から戦後の核家族へと移行し、その核家族さへ崩壊が進んでゐる。そもそも教育は、全て学校に任せるといふ考へが間違ひのもと。三つ児の魂百までの諺通り、子供の躾は断然家庭がやるべきである。

かく言ふ筆者も、高三を頭に三男一女を持つ父親であるが、忙しさにかこつけて父子の対話を蔑ろにして来た今日、吾児の育ち方を見て果してこれで良かったのかと、内心忸怩《じくじ》たるものがある。

男親たるもの、ただ妻子を養ひ、子供等のほしがる物を買ひ与へ、或いはお金を渡すだけでは駄目で、触れ合ひを通して人としての道を優しく、時には厳しくしっかりと教へ込まねばならない。

◇　◇

地震・雷・火事・親爺とは、古来最も怖れられたベスト4である。前三者は今も健在であるが、オヤヂの地位の低落ぶりは目を覆って余りある。ひところはやった学校のいぢめの原因を追求して、「現代の陰湿なイジメの背景には父親不在がある」と、斎藤茂太氏〈精神科医〉が指摘されてゐた。

すなはち、人間として、強く育てられなかった劣等感と不安の裏返しがいじめで、相手をいじめることで自分が救われようとする。弱いから一人では出来ず集団化し、エスカレートする。

かくして今日の青少年の非行化の淵源は、躾を疎んじて来たツケであり、殊に父権〈男親の権威〉失墜不在にある。ある登校拒否児が、「うちには宗教がない！」と叫んださうだ。親の生活態度・生き方に根本的な疑問を投げかけた至言だ。

司馬温公曰く〝子を養ひて教へざるは、父の過ちなり〟と。もって銘すべし、と思ふ今日此頃である。

（平成４年９月７日）

酒三杯は身の薬

古来酒に関はることわざはたくさんある。表題の「酒三杯は身の薬」もその一つ。

しかしこの言葉を意地悪く解釈すると、果たして三杯とは、盃に三杯か、あるいはコップか、はたまた茶碗かドンブリかといふ風にエスカレートしてしまふ。人それぞれの〝三杯〟でよいのではないかと、酒好きの筆者は安易に考へるのであるが、どっこいさうは問屋が卸さぬ。辞書によると〝杯〟は「さかづき」を意味する。そして別に、「酒は三献に限る」といふ語句もあって、盃三杯がどうやら正解らしい。

◇　◇

とまれ、「酒は少し飲めば益多く、多く飲めば損多し」(養生訓)で、少量の酒こそ心身に最もよいことは申すまでもなからう。ある統計によると、アルコールについて①全く飲まない ②一日にビール一本以下 ③それ以上――の三グループに分けて健康状態を追跡調査したところ、①と③グループ間では大きな差はなかったが、②の少量飲むグループに老化度の低い事が証明され、適度のアルコールが、〝百薬の長〟の役割を果たしてゐることを、はっきり示す結果となった。

事実、長寿世界一として『ギネスブック』にも載り、百二十歳まで生きられた泉重千代さんは、毎晩少量の泡盛を、また百九歳の清水寺管主大西良慶師は、亡くなられるまで生薬の酒を飲んでをられたと聞く。加へて長寿男性の七〇パーセントは、酒を嗜むともあり、適量の酒は確かに健康長寿の効果あり、と言はなければならない。

◇　◇

かくして酒は、不老延命の元・百薬の長として尊ばれ、さらに飲酒十徳と言って酒に十の効用ありとする。すなはち「酒は礼を正し、労をいやし、憂を忘れ、鬱をひらき、気をめぐらし、病をさけ、毒を消し、人と親しみ、縁を結び、人寿を延ぶる」といふ訳である。

とは申せ、なかなか適度で止められないのが人の世の常。「始めは人酒を飲み、中頃は酒が酒を飲み、終はりは酒人を飲む」となり、遂に「酒極まって乱」になりかねない。故に酒は〝きちがひ水〟として、警戒されるに至るのである。仏教の『長阿含経』に、

それ酒を飲む者は六種の失あり……一に財を失ふ　二には病を生ず　三には戦ひ争ふ
四には悪名流布す　五には怒り俄に生ず　六には知恵日に損ず

とあって、酒の害が明らかに説かれてゐる。

ここに来て酒は毀誉相半ば、損益五分五分といったところか。しかし冷静に考へ、たとへ良薬でもその処方箋を誤れば毒になるのと同様、要は飲み方如何にあるのではなからうか。酒十徳の効用もほどほどの酒量あってこそ、六種の失も多飲する者は、に限定されよう。

故に「われわれはお互ひの健康のために乾杯し、我々自身の体をこはす」(ジェローム)ことのないやう、健康適量の三バイといきたいものである。

(平成4年12月7日)

立て！日本の老壮者（前）

日本人の平均寿命は女性八十二歳、男性七十六歳で世界一の長寿国を誇ってゐる。ちなみに昨年の統計によると、百歳以上の人は四一五二人で、うち女性は三三三〇人、男性は八二二人と女性が断然多い。医学的に生物の寿命は、その成長時期の五倍とされてゐるから、人間は百二十五歳～百三十歳までは生きられる勘定になる。しかし昨今の環境汚染・破壊、さらに有害食品による食生活の人体におよぼす悪影響などから考へて、将来長寿の伸び率は悲観的で、やがては平均寿命四十歳説もあるくらゐである。

◇　◇

とまれ長寿はめでたい事であるが、手放しで喜べないのが実情のやうだ。年を取るのを恐れる大きな三つの原因は、①収入の心配②健康病気の心配③家族社会の邪魔者になる心配―といはれる。①②は、年金制度また医療制度が保障完備されつつあり、ある程度は緩和されよう。しかし③の精神的疎外感は、お気の毒といふ他ない。

家族にとり老人の早寝早起き、夜中のトイレは嫌はれ、老人の入った風呂を若者がいやがる。ある農家では、正面の母屋に若い夫婦親子が談笑のうちに食事をしてゐる一方、耕耘機など農機具の置かれた左手の納屋には、老人が炬燵に入り裸電球のもとでテレビを見るともなしに、一人ぽつねんと座ってゐるといふ空わびしい光景も出現してくる。

特に哀れを誘ふのは、女性よりもむしろ男性の方である。〝亭主は元気で留守がよい〟から始まり、やがて粗大ゴミ・ぬれ落葉・恐怖のワシ男とあひなる。御存知の方もあらうが、定年後奥さんに始終くっついて離れないのが〝ぬれ落葉〟。ワシも行くワシも行くと奥さんにつきまとふのが〝恐怖のワシ男〟である。かくして奥さん同志の会話。「うちの亭主はいつも家でゴロゴロしてゐますのよ」「ゴロゴロならましですよ。宅のはヨロヨロですの」となる。

◇　◇

そこで、やっかいな亭主を早死させる十カ条があるさうだ。北野病院の西村孝夫医師によると、

一、夫をうんと太らせる。

二、酒を大いに飲ませ、砂糖菓子をうんと食べさせる。
三、とりわけ大事なのは、夫をいつも座らせておく。
四、飽和脂肪をたくさん食べさせる。
五、塩分の多い食物に慣れさせる。
六、コーヒーをがぶがぶ飲ませる。
七、たばこをすすめる。
八、夜ふかしをさせる。
九、気分転換の休暇旅行に行かせない。
十、最後の仕上げは始終文句を言って苛める。

である。読者もこれら十カ条に思ひあたる事があれば、くれぐれも御要心願ひたい。そして定年後の最大の敵は、オカミサンであることもお忘れなく。

（平成5年4月5日）

立て！日本の老壮者（後）

かくしてヨロヨロの老壮者は、一念発起して立ち上がっていただかねばならない。
まづその景気づけに、蜂須賀弘久氏（前京都教育大学長）による一日『一十百千万の健康法』を御披露しよう。
一読　一回必ず本を読む
十操　十種類の体操をする
百吸　百度腹式呼吸をする
千字　手紙か日記でもよい、一千字書く
万歩　一日一万歩あるく
このうち百吸は、のどを使ふカラオケでは効果がなく、謡曲・詩吟・民謡または坐禅・鎮魂がよいとのこと。いづれも簡単な所作であるから、是非実行されたい。

◇　◇

さて老人問題は、我国だけではない。外国も同様である。米国のノーマン・ピール氏「どう年をとるか九つのヒント」を示してくれてゐる。

1、過去をふりかへらない
2、風通しのよくない頭はカビがはえる
3、「できない」と思はず「できる」と思ふ
4、孤独にならない
5、五感を退化させない
6、年齢を考へずに生きる
7、人生の看板をおろしてはいけない
8、自分であることを楽しむ
9、その日を大切に生きる

と。いづれも妙味がありごもっともではあるが、欧米人は理屈っぽくていけない。

家康公が百七歳まで長生した天海僧正に、長寿の秘訣を聞いたところ、ずばり

日湯（入浴）、正直、だらり、たまにはおならもなさるべく候

と答へた。この方がスマートでよろしい。その〃だらり〃といへば、沢庵禅師の三だらり法がある。曰く「身もだらり、心もだらり、あれだらり」何やら色めいて、品位が下がってしまったので話題を転じよう。

◇　◇

老壮者には、若者にないものがたくさんある。それは豊かな経験と知識、長年培った自制心・理性・賢明さといった宝である。西洋には、「一人の老人の死は、一つの図書館を失ふに等しい」といふ言葉さへある。我々は大いに自信を持ってよい。

世界に冠たる民主国家として、日本は繁栄を続けてゐる。それを築き支へて来たのは他ならぬ、明治・大正さらに昭和生まれのあなた方である。〃永らへて　嫌はれる人　冬の蝿〃となるも、毅然とした態度で雄々しくわが道を歩まうではないか。そして、若者に若さを保つ秘訣を聞かれたら、

正直に生きて、ゆっくり食べて、年をごまかすこと（ルシル・ポール）

と言ふぐらゐの余裕は、あってもよいのではなからうか。

（平成5年6月28日）

御遷宮と高層ビル

御遷宮と高層ビル――妙な取合はせだが、此度は両者効用の比較を述べてみたい。今回の式年遷宮に必要な経費は、三百二十七億円。そのうち二百億円は神宮当局の備蓄で、残り百二十七億円は国民の奉賛によって賄はれるといふ。募財活動も活潑で、目標額を優に達成したと伝へられ、誠によろこばしい限りである。

神宮当事者の方に聞けば、財界の人々に御遷宮の必要性を説明するのに、大変骨が折れたとの事。彼等は言ふ、「三百二十七億円もあれば、数十階建の高層ビルが二つも建ちますよ」と。

◇　◇

現今社会生活の変転は、実にめまぐるしい。さうした急激な変化に順応しにくい人々が出てゐる。ノイローゼ気味の人、躁欝病あるいは自律神経失調症といった、精神に異常を訴へる症状があらはれる。幼い子供らの自閉症・登校拒否児もその部類である。

しかし、これに対する治療法も近年非常に進歩してをり、その一に心理学を応用した『箱庭療法』といふものがあるさうである。これは、縦五十《チセン》横七十《チセン》位の箱に砂を入れ、自分の好きな小道具を用意させ、その箱にいろいろな物を拵へて貰ひ、作り方によって適宜専門医が患者の心的状態を判断し、治療していく療法である。

いはゆる成人は、概ねまづ自分達に必要な日常性のものを造る。つまり住居・道路・駅・商店街・役所等等である。次に公園や森、川や山といった非日常的なものを作る。さらにその人の信仰状態によって神社やお寺、教会仏像等を必ず置くといはれ、しかもこれらは箱の奥まった所に位置せられるのである。

かく見ると、我々人間の深層心理には本来、日常性のものと同時に非日常的な、しかもいつも心の安らぎを求める何かを重要視してゐることが判る。ここに宗教の必要性・意義があると思はれる。我々の日常生活は、却って目に見えぬものによって支配・制御されてゐるのではなからうか。

◇　◇

御遷宮は、日常性のみを重視する経済人から言はせれば、大いなる無駄遣ひかも知れない。しかし、今日の日本国を日本人を支へ守ってゐるのは、目に見えない大きな力であり、それを神として崇め尊ぶのが神道である。そしてその集約された神域霊場が、神宮に他ならない。神宮はいはば、国民が代々受継ぎ等しく仰ぐ偉大なる御神威であり、恩頼である。かくして御遷宮には、高層ビルに比ぶべくもない日本国の繁栄・安泰が秘められてゐることを、我々は知らなければならない。

（平成5年9月27日）

サッカーは野球を越えるか

サッカーJリーグが、予想以上の盛り上がりを見せ、プロ野球人気にかげりが……と言はれて、はや新しい年を迎へた。ボールの大小・動と静・チームプレイと個人プレイ等々、それぞれの相違はあるが、両者を比較して作家の玉木正之氏は言ふ。

ボールゲームの起源は、メソポタミア文明まで遡る。当時の人々は、球体といふのは太陽と月を示すもの、すなはち、世界の象徴だと考へてゐた。従って球体を奪ひ合ふサッカーやラグビーのやうな競技には、世界を奪ひ合ふといふ性格が込められてゐ

る。（中略）

一方、長い棒といふのは地上権力の象徴だった。従って、長い棒で球体を打つベースボールには、地上権力の持ち主が別世界を作り出すといふ性格が込められてゐる。つまりサッカーは、極めて〝闘争的なスポーツ〟。そして野球は、〝ロマンチックなスポーツ〟といふ訳である。

◇　◇

戦後少年時代を過ごした筆者には、野球への思ひ入れが人一倍ある。棒を荒削りにしたバットと、母手造りの大きなグローブを手に、田んぼや空地で日の暮れるまで遊び呆け、将来はプロ野球選手にと憧れてゐた。

広島美人（?）を妻にしてからは、子供ら四人全て赤帽のカープファンに洗脳、一家を挙げての野球狂に。とは言へ、時の流れに聡いは我等神道人。中の子供はサッカーに身を置き、やがて両方の実況をテレビで交互に観る状況と相成ってゐる。共存共栄とはこの事である。野球とサッカーの比較は、いはばカレーうどんと冷やし中華を並べて、「どちらが優れた食べ物か」と言ってゐるやうなもの（プレイボーイ誌）で、特に目くぢら立てて議論するほどの要もあるまい。

◇　◇

しかし、冒頭に挙げた玉木氏の論はなかなか含蓄に富む。戦後野球の隆盛は、旧敵国のスポーツとは言へ、人々の心を魅了して人気を博して来た。平和憲法の下、我々は正しくロマンを追ひ求め、復興期をひた走って来た感じがする。そしてバブル崩壊・自民党の下野と共に、『プロ野球一党支配』も今や終はりを告げ、Jリーグといふ若者による『革命』(思想新聞)が始まったのである。

闘争的なスポーツ、サッカーは、実にスピードとスリルに溢れてゐる。一点を争って攻守がめまぐるしく変はり、次の瞬間も予想出来ない。また、異様なフェイスペインティングをした観衆は、熱狂的に旗を振り笛を高鳴らす。さながら西部開拓時代の白人とインディアンを髣髴するのは、思ひ過ごしか。

ロマンチックな野球を夢見た後は、世界を奪ひ合ふサッカーを。共にグランド内で味はふ事の叶ふ日本は、今幸せと言ふべし。

(平成6年1月24日)

酒に強くなる法

酒を飲まぬ神主はあっても、酒を上らぬ神はなし。わが神道の神々は皆、上戸でいらっしゃる。神に仕へる者、そのお相手をせねば申し訳が立たない、との律義悲壮の覚悟で始めたのが、わが酒飲む理由である。

リクツと膏薬は、どこにでもくっつく。酒飲む口実もかやうにしかり。

たとへ時移り、うまごと去り、楽しみ行き交ふとも、花の朝・月の夕、雨の降る日も雪の夜も。……一年三百六十五日一日も君なかるべけんや。（蜀山人）

蓋し「うれしくばうれしくで、悲しければ悲しいで、酒のみ族は月月火水木金金」（酔心）。かくして「下戸ならぬ事こそ、男はよけれ」（兼好法師）である。

好きこそものの上戸なれ。今回は、あまたある〝酒に強くなる法〟を一つ伝授しよう。

◇　◇

これはわが先師が、親しく酒を飲みながら語られた話であるから、まづ間違ひない。

ある高名な酒豪学者先生曰く、
　酒といふものは、毎日定量にチビチビやってゐては駄目です。時折浴びるほど飲むことが肝心。つまり、胃腸内臓を驚かせ刺戟を与へる。それを何回も繰り返せば、次第に量も多くなり、酒は確実に強くなります。この方法はまた、健康にもたいへんよろしい。
どこが健康によいのか判らないが、いやはやこれは難行苦行。さうまでして強くなりたくない人は、お止めになった方がよい。あとは生まれながら、先天の性をのばす以外に道はなささうである。

◇　◇

すでに『魏志倭人伝』に、日本人の「性、酒を嗜む」とあるから古来わが先祖は、どうやら酒好きの民族であったらしい。ところが、月桂冠の栗山一秀副社長の御研究によれば、
　縄文人は、すべてのアルコール分解酵素を遺伝子に持つ旧モンゴル系の人種であり、
　弥生人の方は、アルコール分解酵素の一つを欠く新モンゴル系の人種
すなはち、双方の遺伝子の違ひにより、縄文人は〝斗酒なほ辞さぬ大酒豪〟揃ひ。弥生

人は〝奈良漬けを嗅ぐだけで顔が赤くなる〟下戸の集団とか。現在の日本人は、当然この両者の永年に亙る混血人種であり、いづれかの素質をそれぞれ受け継いでゐる。

果して、あなたはどちら？　家蔵の系図を調べてみてもせんないこと。一杯の酒を飲めば直ちに判る。もし下戸・弥生人ならば、さっさとあきらめ瑞穂の国造りに精出し給はんことを。われら上戸・縄文人は、そのおこぼれの米の酒を飲ましていただく幸運に恵まれる。

頃よし卯月春酣。「酒飲めば、いつも心はさくら色」。都々逸にもいふ

酒を飲む人蕾の花よ　今日も咲け咲け　明日も酒　呑み人知らず

（平成6年4月25日）

（四）随想

わが神主道の反省

道の友が少ないやうに、道の師にもなかなか恵まれないのが世の常である。その得がたい道の師匠と仰ぐ人々が、こゝ数年の間に矢継早に故人となられるのは、如何にも悲しい事実である。

神道を学び、あくまでも神主を志して以来、その理想像を優れた師にそれぞれ追ひ求めて来た私であるが、もはやこの幸運な甘えの世代はなくならうとしてゐる。かうした今の境遇を判り易くたとへれば、丁度曳船にひかれた小舟が大海の真只中で頼りとする曳船との綱を、不本意に離たれて漂ふはめとなってしまった如き、うつろの状態である。

しかし冷静に考へて見るなら、己れの置かれた年令と立場はもはや無責任の依存、無差別の収得の段階からこれを克服して、得たところのものを咀嚼消化せしめ、自らの血肉と為し実際の行動に顕はすべき大事な時機にあるやうに思はれる。

それでは、道に一人立ち進まんとする者の所作基準は、奈辺に置くべきかと言ふに、こ

れを一言すれば

『すべからく我意を捨てゝ神意に従ふべし。』

ではないだらうか。

若い人々には既成の習慣にとらはれない、実に闊達な理論・理窟にあった意見をよく発言して、大いに役立つ事はある。だが一様に彼等の言動には、いつも何かゞ欠けてゐるやうである。それは、人に対する思ひやりと、自らの謙虚さに加へて実践性が乏しい故ではないだらうか。

この淵源する処のものは、やはり我意が頭角を現はしてゐるからだと見る。これの病根は勿論、自己の権利のみを主張して他を忘れがちな戦後教育の賜物、ときめつけるのはたやすい。神奉仕の者は、逸早くこれに気付いて貰ひたいものであるし、又いづれか神社に入れば遠からず匡正されて行く事であらう。現に大学を卒業して二、三年神主をしてをれば、意識するとせざるとにかゝはらず、顕著に是正されつゝある若者の姿を目の当りに見るからである。

たゞ問題は、神意に従ふ点のむつかしさであらう。これまで私は、現実に耳に聞き目に見える師の言葉・行動を頼りに、神道修業を為して来た。換言すると、師を通して神を見神主の道を歩んでゐた訳である。だがこの安易な術は、次第になくならうとしてゐる現在、別の方途を真剣に考へねばならない。

自分のやうな者でも果して、直に神と接し、神の教へや御恵を得て生きて行くことが出来るのであらうか、と時折悩む。

論語に、「一日、己れに克ち礼に復らば、天下仁に帰す。」と言ふ言葉があるが、この己れに克つとはあらゆる雑念・誘惑を払拭して、自己にひそんだ良心・神性に従ふ事だと考へてもよからう。何事も人が見てゐるからする、或いはしないのではなく、あくまでも良心に従って反省を加へつゝ行動するやう、心懸けるのがまづ本筋である。そして更には、現在奉務するところの御祭神の大御心に思ひを馳せ、過ちなき神奉仕の叶ふを片時も忘れずに念じ続けたいものである。

神道は、人の踏み行なふ常住坐臥の工夫なりとすれば、他の所謂宗教に比べてその修業は決して厳しいものではない。しかしそれなりに、目立たぬ不断の努力を必要とする。

かくして、今は亡き師達の歩まれた神主の道は、こゝらあたりにあったのではないかと、朧気ながら感ずるこの頃である。

（『百船』第6号より）

悠久の祈り

かつて私は、去る昭和四十三年から同五十三年までの十年間、神宮に奉職させていただいた者である。今思い起こせば、ちょうど四十八年の第六十回式年遷宮を中にはさんでの最も恵まれた時期の奉仕であった。そして伊勢の地を離れて京都で、はや二十年を経過しようとしている。

この二十年《はたとせ》はまた、常に伊勢をなつかしみ仰ぎつつの星霜であり、千年の都京都から見た神宮は、こよなく尊く有難いものと思えてならない。心のふるさとお伊勢さんから学び得た道、それは既に先人達が見究めておられる教えでもある。ここに名もなき一神主として、神宮の祭りと祈りについての私見を述べさせていただこう。

○

本年内宮・皇大神宮は、ご鎮座二千年の佳節を迎えられた。崇神天皇の御代、同床共殿の御神威を畏み給い、初めて大神を宮中より出し奉り倭の笠縫の邑に奉斎されて以来、皇女倭姫命が御杖代として大和・近江・美濃国等をご巡幸の後、御神誨により五十鈴川上の大宮地に鎮まり坐した。時に垂仁天皇二十六年と日本書紀は伝える。

この各地への御巡幸は、「皇威の東国伸張との間に、重大なる関係のあることが窺われ」ると、大西源一氏が述べられている如く、大和朝廷の発展拡大と決して無関係ではなかろう。そうした事実解明は歴史学に譲り、後の遷宮を髣髴させる御巡歴は、あくまでも清地（聖地）を求めてのそれであるとみたい。

古来神の大坐所は、穢れない清しき場所に限られて来た。神風伊勢国は、常世《とこよ》之《の》浪重浪《なみしきなみ》帰国《きするくに》 傍国可怜国《かたくにのうましくに》と称えられ、かつ朝日来向《あさひきむかう》夕日来向《ゆうひきむかう》 浪音不聞《なみのおときこえぬ》 風音《かぜのおと》 不聞《きこえぬ》弓矢鞆音不聞《ゆみやとものおときこえぬ》国なるが故に、大御意《おゝみこころ》鎮まり坐す国とされたのである。

この大宮処の気高さは、平安時代の斎王の史実に照らしても十分納得がいく。すなわちト定後の斎王は、宮城内の初斎院に入られ精進ご潔斎を、更に宮城外野の宮では一ケ年の御斎戒がある。そして愈々都より伊勢へ向われる群行にあっては、各国堺・河川において数度の禊祓が行われ、ようやく斎宮にお入りになられた。まさしく京を帝《みかど》の都とすれば、伊勢は神の都として清浄の身をもって神宮へ赴かれるのである。これは言わば、俗から聖への移行であり、その段階に数多くの清め祓いが厳重に修せられることとなる。

加えて清らかさは御鎮座地、そこにお仕えする人だけではない。神宮の祭りとその祈りもまた、穢れなき崇高さの中に包まれている。

○

神宮の祭りは、恒例祭典四十種類そして正宮別宮摂末社所管社すべてを含めれば年間延べ一、五〇〇回以上にも達する。これら年中の祭りの目的趣旨はそれぞれに異なるが、古今祭りの中に籠められた祈りの内容は唯一つ、天皇の御長寿・皇室御安泰・国民平安・五穀豊穣に尽きる。

以前奉職中、私は神宮の祭りの祈りと神主の本務奈辺について、諸文献を頼りに只管探し求めたことがある。神宮最古の正当なる古典『皇太神宮儀式帳』禰宜職定の段に、

聖朝大御寿乎手長乃大寿止湯津如二石村一久堅石爾常石爾伊波比与佐志給比伊加志御世爾佐岐波閇給比阿礼坐皇子等乃大御寿乎慈比給比百官仕奉人等天下四方国乃人夫爾至万天

長平久作給倍留五穀物乎慈備給部止朝夕祈申。

の語句を見出し、大いに感銘したものである。何故なら一番最後部「朝夕祈申」以外は、時代により若干言葉の相違はあるが実際の神宮祝詞文の中枢であり、先に述べた祭り・祈りの本旨とも言うべきもの。そしてそれを「朝夕祈申」のが、禰宜つまり神主の務めとなる。従って、この儀式帳を解釈した江戸期内宮の祠官荒木田経雅は別に、

禰宜職は　君が八千代と　天が下の　静かなるとを　ねぎ祈るのみ

と和歌を詠んで、神主の本分を喝破している。

○

終戦、御前会議において昭和天皇の御裁可により、ポツダム宣言受諾が決したあと、時の鈴木貫太郎首相に暇乞いをされた阿南陸相に対して、

これからも日本の皇室は絶対に安泰ですよ。日本の前途にも私は悲観ばかりしておりません。何故なら、今上陛下は春秋の御先祖のお祭りを、あれだけ熱心になさっておられますから……。

と、首相は万感の意を籠めて述べられたと言う。神宮の祭りもまた然り。営々二千年の祈

りがあってこそ、我が国は神々に護られ万古不易・天壌無窮の弥栄の道を辿ってこられたのである。

かくして、父祖先輩達が黙々と勤しみ仕え来たったこの悠久の神事とその祈りに、満腔の感謝と景仰の念を捧げて止まぬと同時に、将来の重き使命をここにはっきりと覚醒し得るものである。


（『瑞垣』第174号より）

三十み（巳）の寸言

わが郷土山口県の岩国市は、全国で唯一の白蛇棲息地である。へびの人気は芳しくないが、こと白蛇に関しては瑞祥のけものとして、よろこばれるやうだ。幼い頃、吾家から道路を隔てた小川の石垣より、白蛇が頭を出し小さな赤い目で、あたりを窺ってゐるさまや、川を泳いで一気に向う岸へつく姿などを幾度ともなく見かけたものである。

巳年の私は、かうしたふるさとの白蛇と結びつけ、秘かな自負を抱いて来た。昔日、母が旅行の折何処からか石を貰ひうけて、私に譲ってくれた。その石は、何の変哲もない石だが、よく見ると白蛇が天に向かって舞ひ昇るが如く、黒い石肌に白い線がくっきりと浮かんでゐる。郷里を離れ、時折物思ひに耽る時その石をながめてゐると、不思議に勇気がわいてくる。

昭和十六年生まれと言へば、ちゃうど我国が米英に対して宣戦を布告し、大東亜戦争が愈々拡大した年でもある。以後昭和二十年の終戦、そして戦後の混乱期——と朧気ながら青少年時代を過して来たことになる。

三十代半ばの年令がさうさせるのか、育って来た時代でかくなったのか判りかねるが、戦前・戦後あるいは新・旧の間に立って、しばし思ひをめぐらす場面によく出会ふ。そんな時、ハムレットよろしく「あれか、これか」と真剣に悩むけれども、結局ウヤムヤに過してしまふのがオチである。

戦後今日まで、日本の良いものが容赦なく棄て去られてきた。また現在、よい風習伝統の復活持続が、執拗に拒まれてゐる。このやうな現象をひたすら憂ひ、果してよき解決策はないものかと考へる。

ある左翼組合の闘士が、いみじくも告白してゐる。「組合幹部とは、仲間の意思統一にエネルギーの八〇%を使ひ、残りの二〇%で敵と闘ふものだ」と。斯界はどうであらう。神社界の実際活動は、いづれをとっても大局的に正当性を持ち、大義名分は叶ってゐる。しかし、外部への呼びかけも、内部（神社界）の弱体によって足並みが揃はず、なかなか実を結ばないのが現情ではなからうか。

兵書に、「先づ脚下の蚰を断ち、重ねて山中の虎を制すべし」との言葉がある。神社界内部を「脚下の蚰」に例へるとお叱りをうけようが、ともかく目についた障害欠点の克服に全力投球をするのが本筋である。

そこで、神社界内部の団結・充実といふ事になるが、これは決して上からの指図によって、今は出来るものではない。戦後民主義的発想から申せば、各自が自覚の上に立って、下部からの盛り上がりを柱とし、左右横の連絡を密にして合議対話の形式で行ふ方法が望ましい。

「なんだ、そんな事か。なまぬるい！」と、年輩の方々はおっしゃるであらう。だが昨今の若い者は、私を含めて少なからず、かかる様式で何事も運ばれなければ動かないやうに出来てゐるらしいのである。この点、まことに戦後の新教育の徹底ぶりが思ひやられる。

しかしこの現象は、冷静に受け止められなければならない。旧体質のまま、一部のエリートのみが諸事を議し、命令又は通達といった上下関係のかたちで事を運ぶが如きでは、なかなか成功は覚束ない。今こそ本気で、戦後育ちの若者の存在を考へて民主的制度を採用し、出来る事なら若輩層の登用をも真剣に考へてほしい。

各地方神社に分散して奉仕する神職、殊に若い神主達はそれぞれに国を憂ひ、郷土を思ひ、神社界の行末を案じてゐる。その各人の心の中に燃え続けてゐる小さな炎を、ひとところに集めて育てる手だてが、早急に嘱望されるのである。そしてこの若手の結束によって強力な神社界の充実・団結が実現されるのではなからうか。身近かな例に、神社本庁と伊勢の神宮との若手有志が話し合ふ場を持たうとする計画がある由を聞くが私はその進展ぶりに注目したい。

以上は、屠蘇機嫌の〝新春放談〟として聞流していただいてもよい。理窟より実践、若輩の身で出来るささやかな手近かな処から地道に行動する。それが偽らざる年来の抱負であり、わが主義でもある。

「龍蛇の蟄」と言って、英雄豪傑も時節到来までは、暫く蛇が冬籠りをするやうに蟄居を余儀なくさせられるとか。吾身を〞龍蛇〟になぞらへる程の自信家ではないが、地方に埋もれる草莽の若き神主達に、この言葉を呈しお互ひの励ましとしたい。かかる蟄居の間にじっくりと英気を養ひ、そして時至らば躊躇なく果敢に事を計り実行に移さうではないか。それでこそ、「蛇は果（果断）なり」となり得るのである。

（神宮教学司補）

（「神社新報」昭和52年1月3日）

渡欧印象の記

「旅行中は、ガイドのそばを離れずに説明をよく聞くがいい」との、日頃尊敬するH先生の言葉をひたすら守り、実行した欧州の旅路は、まことに有意義であった。行く処ヨーロッパがすぐ目の前に開け、見る物一つ一つに新鮮な興奮を覚えたのは、一行の実感ではなかったらうか。

回を重ねて第五次になる今回の神道欧州宗教事情視察団は、ローマ法王表敬訪問、ジュネーブのＷＣＣ本部での世界宗教者会議等々の重要な使命をおびたものであった。そして結論から言へば、キリスト教信奉者と親しく接触し、お互ひに対話の場をもち親交を深め理解し合ひ、しかもすべて友好的にはこばれ、十分所期の使命を果し得たと確信してゐる。

これによって得た私なりの感触は、今日まで我々の既成概念となってゐた、他宗教に対するキリスト教の排他性は、少なくとも表面上は柔らぎ方向転換がなされつつある。キリスト者は世界の他宗教にも少なからぬ関心を示し、共存の道さへ真剣に考へてゐるのではなからうかと言ふものであった。

法王のメッセージでは、神道のもつ清きあかき心や調和の美点が認められ言及されてゐたし、ＷＣＣにあっても、『まつり』と『杜』を紹介したのに対し、神道の全体性・自然の意義にあらかた理解を示してくれた。

しかし率直に言って、両者の距離は〝対話〟が始まったばかりのなほ遠いもののやうに思はれ、将来にわたって気の長い努力が重ねられねばならない。そしてその際、友好や方向転換、共存や理解が果して真に無条件の世界平和の為のものであるのか、或いはただ、行詰った自教の活路を見出す勢力拡大の為の方便なのか、お互ひが冷静に考へて行かねばならないとも感じた。

それにしても二週間の旅行半ば、宗教改革記念碑のあるジュネーブに於いて、ふと襲った、ある種の世界的規模の宗政改革が始まらうとしてゐるとの予感が、単なる幻想や陶酔に終らねばよいがと思ふものである。

此度の視察団は、大西正夫・中野尹亮両正副団長、建内光儀幹事長を主軸とする十七名で、わが神道の〝和〟を地で行くが如く和気あいあいたる道中であった。そして視察団は前記のほか、イギリス・イタリヤ・スイス・ドイツ・フランス五ケ国主要都市の駆け巡りでもあった。

面白いことに、各国を受持ってくれる日本人案内者が皆、それぞれの国の人柄に染まってゐた。英国のガイド嬢は高貴で上品、イタリヤのガイドさんは明朗ざっくばらん、スイスでのお嬢さんは清潔で気取り屋、ドイツのガイド氏は堅物実直、そしてフランスの案内女史は言葉が流暢でおしゃれ、と言った風に（我々一行の専任添乗員は入江君枝嬢――大和撫子の典型であった事も付記しておく）。日本人も海外で生活をすれば、容易にその国民になりきれるほど国際性を内蔵してゐるのかなあ、と一人感銘を催した次第である。さうしたガイドさん達に案内されての寺院名所史跡巡観の印象を、一つだけ次に披露させて貰はう。

海外旅行の経験者がよく言ふやうに、成程「日本が一番住みよい」ことは頷ける。ロンドンでは、二十世紀初期そのままの黒塗りタクシーや旧式の二階建てバスが市内を走って古色然としたものを感じさせ、ローマでは町中いたる処にある帝政時代の遺物が、市民生活向上にブレーキをかけてゐた。又スイスを除く他の国々でも、旧態然とした建物や生活様式が根強く残り近代化を阻んでゐるやうでもあった。

もとより生活の簡便さを尺度にすれば、今や我国の方が一歩も二歩も進んでゐるかも知れない。だが西洋の人々は、営々として築き上げて来た自国の文化を大切にし、歴史に誇りを持ち伝統を重んじ、自分達の身近かな場所に優れた先人の事跡を置いて、生活の範囲内で常に触れながらしっかりとした足取りを歩んでゐるやうであった。各所に造られてゐる広場・公園、そこには必ずと言っていいほど記念碑や記念像があるし、もとより美術館・博物館・史蹟は何処も心が行き届いてゐた。言ふまでもなく是等文化の根底には、宗教・キリスト教が根強く横たはってをり、教会寺院と言はず随所に彼等キリスト教徒の信仰の深さ、底力が集約的に表現され、保存されてゐて我々を魅了する。ヨーロッパ文化には、キリスト教の果した諸々の功罪を越えてなほ、なまなましい生命の息吹きがあり、日本では絶対に感じられない異質な人間の営みが確実にある。

旅行中に味はった一種の息苦しさは、口に合はぬ西洋料理のせゐだけではあるまい。日本は西洋の文明に触れて優に百年を越えた。この間多くの物を学び、影響を受けてゐる。そして今日も、行く先々に日本人が満ち溢れ見聞を持ち帰り、更に両者の間隔は縮まるであらう。しかし我々は、異質の文化とどこまで接近同化出来るか。神道とキリスト教と言った宗教の問題とも絡ませ、今後の大きな課題のやうに思はれる。

帰国後の某日、とある喫茶店の片隅に西洋の風景画が、目にとまった。普段なら見すごすものを、この上ない愛着をもって私に迫って来る。それほどまでに、ヨーロッパが親しく感じられるのは、明らかに渡欧旅行のなせるわざであらう。神道国際友好会ほか数多い諸先輩のお陰で、貴重な体験が出来た事を心から感謝し、よろこんで止まない。

（「神社新報」昭和58年4月11日）

巳年の抱負　命の輝きをめざして

酒神に仕へる私が、自己紹介をする時の常套セリフは、「昭和十六年巳歳八月生れの乙女座。そして血液型はO型。しかし酒を飲むや忽ちうはばみとなり、酒甕座でセクハラ好みのH型。加へて何よりも私の名前さこかずきよがサケガスキヨに変身する」といふものである。

わが故郷山口県岩国市麻里布は、世界でも珍しい天然記念物〃白蛇〃生息地である。幼い頃前の川に、赤い目と舌をした白蛇が石垣の間から首を出したり、ある時はその川をくねくねと泳いで渡る姿を見かけたものである。しかし近年都市化と共に数は激減し、現在ではかつての吾家の裏山中腹に、人工飼育センターが設けられて保護がなされてゐる。また岩国と言へば、天下の奇橋錦帯橋が城下町を横切る錦川に、五つの孤を描いて優雅にかかってゐる。高校時代はその橋を、青春の揺れる思ひを秘めて朝夕渉って通ったものである。

社会人になった頃、いっぱしの雅号をつけてみたくなり、いろいろ考へあぐねた末「巳橋」と称することとした。それは前記の事由を根底に、何よりも昭和十六年生れは丁度、戦前・戦後の中間期で、両世代のあらゆる橋わたしをする役割があるとの自負と責任を感じたからでもある。かやうに巳歳生れと育った環境から、自らの生き方が形成されて今日に至ってゐる次第である。

さて『説文』には、

巳は巳なり。四月陽気巳《すで》に出、陰気巳《すで》に蔵《かく》れ、万物見《あらは》るる

とあり、陽気一色で陰気は全くかくれて、万物が表面に現れ出る象とか。そして巳は祉(さいはひ)とも読み、縁起の良い語とされかつ〝不死と再生のシンボル〟が蛇ともされてゐる。特に白蛇は、金運福徳のしるしとして重宝されるやうである。

所謂かうした字解・俗信は、現代人にとってややもすれば軽んじられる傾向にあるが、縁起のよいコトバ・信仰は、本人が或は周囲がそれを喜び、満足し、気を落ちつけ、安心立命を齎す底力ともなり得るやうである。先述のわが巳歳生れの思ひこみも、この類に属するものと言へよう。

本年は、松尾大社御鎮座千三百年の佳節に当たる。小方六十歳の還暦・酒歴四十年・結婚三十年目。これまた大なる節目（?）。もっとも両者は何の関はりもなささうであるが、ともかく希望と期待に夢をふくらませ、〞生命の更新〟をめざして明るく清く、そして逞しく生きたいと誓ふ心や切である。

（「神社新報」平成13年1月1日）

（五）「神社新報」読書・書評

読書 〝いい本だから〟 幡掛正浩著『食国天下のまつりこと』

僥倖の縁にあって、著者幡掛氏の垣内に親近すること数年、多くのものを宿題として住み慣れた伊勢の地を離れ入洛した私であるが、今ここに氏及び氏の著者を冷徹に分析せざるをえない窮地に追ひ込まれてしまったことをまづ告白して本書の紹介に入りたい。
氏が、戦後神道界の最前線に立って蛮勇よく悪戦苦闘されてきたことは人の知るところであるが、私は氏に近接しえた縁からひそかに思ふことであるが、仮りに氏なかりせば、戦後神社界は、確かに一つや二つの取り返しの困難なミスを犯したのではあるまいか――と。

敗戦といふ「赤ん坊も盥の水も、いっしょに流してしまった」厳しく悲しい現実の中で、「昭和動乱の死にそこない」(序文の言業) として氏はつねに伝統を守る斯界の先頭に立って来られたのであるが、その三十有四年間のたたかひの、血と汗と涙の結晶が実に本書であり、又さきの『神国の道理』でもあった。

かつて北島親房公は、南北朝の動乱期、南風競はざる戦勢の中、敵包囲の常陸国小田城にあって、幼帝後村上天皇の御為にかの著名なる『神皇正統記』を草された。〝食国天下のまつりこと〟よき哉その名称。ひそかなる関心は帝王学といふことであらうか。しかも両者共に、伊勢の地に関はりある事を思へば、目に見えぬ歴史の宿命のやうなものを頻りに思はざるを得ない。

しかし、テレ屋の氏は、「いい本だから、みんな買ひな」とだけ書けばよいと言はれる。しかし一篇一篇がこれ全力投球といふより、ほとんど遺書に近い氏の文章を読み進んで、やはり私は、至誠にして動かざるは未だかつてあらざるなり、の言葉をあらためて納得するのみである。

心あまって言葉足らぬ紹介文ではあるが、ここに於て私は、戦後の教育を全面的にうけて来た無名の若者達が、本書に触れて、記憶の奥深くに眠り続け置き忘れてゐる日本人としての魂を、豁然と覚醒せんことを切に祈念し期待するものである

〈同朋社刊〉

（昭和54年8月20日）

読書　精神公害からの立直りを　石井寿夫著『神と高まる〝みたま〟』

戦後混乱の神道界を担ひ、導いてこられた先達は多い。が、国民の神道教化の面に於いて、注目すべき執筆者は誰々かと問はれれば、私はためらひなく石井寿夫先生を、その一人に挙げたい。その質と量とはもとより、斯界に及ぼした影響度の高さに於いても。

先生は常に時代を先取りして、わが国文化精神面の十年先、或いは二十・百年先の動向を察知し、逸早くこれを講演や著書に託して、警世の訴へをして来られた。しかも適切な解決策を、わが神道の泉より汲み出し、善処に導くことに努めて来られた。我々神職は、どれほど啓発されたことか。そして今新たに、憂国の至情が『神と高まる〝みたま〟(日本人の死生観)』となって吐露せられたのである。

公害――それは科学技術文明が齎した資源の枯渇、自然環境の破壊と汚染だけではない。今日わが国には、目に見えないもっと危険な公害が、じわじわと迫って来てゐる。

恐るべきこの〝精神の公害〟とは、賢明な読者が既にお気づきの如く、社会や家庭に蔓延しつつある人間疎外・非情殺伐の世相である。しかもその元凶が、他ならぬ唯物的合理主義にあること、更に進んで現代人が死後のたましひの亡びを信じ、他界を認めぬ思潮のはびこりに由来する点を、筆者は見破る。

著者は、二十年間暖めてきた構想をもとに、事態のゆゆしさにたまりかねて、かかる暗黒の革命への道をふさぐ為、敢へて公刊に踏み切られた。救国の悲願のこもる書である。我々は今こそ真剣に、父祖の人々が信じかつ営んで来た「祖先崇拝」の信仰——みたまのゆくへとそのまつり——の重要性に目を向け、再認識すべき秋である。この美はしいよき信仰によってこそのみ、〝精神の公害〟から見事に立ち直ることが出来るのではなからうか。

本書は、前述の問題意識を踏まへて古来の日本人の死生観が、豊富な具体例を通して平易に説き明かされてゐる。従って一般の人々にも、「日本人は、ご祖先の〝みたま〟は、ふるさとにとどまり、やがては〝神〟と高まって、いついつまでも愛する子孫たちの生活をともにし、子孫を守ると信じて来た」(序文)といふ、神道本来の信仰を素直に理解出来るのはうれしい。

かく日本人の死生観を説きゆく中でも圧巻は、やはり後半の七生留魂—望楠の人びと—と靖国の信仰—反省と課題—とであらう。

著者は言ふ。楠公七生報国の精神は、わが民族固有の霊魂観の発現であり、この延長線上にあるのが明治天皇の大御心による靖国神社の創建とその信仰である。実にこれらの信仰は、戦後の復興、今日の世界に冠たる近代化を成し遂げて来た、日本人の隠れた精神的な支へでもあった、と。

論理の整然さは、言ふまでもない。本書を読み行くほどに、きっと胸の昂まりを覚えるに違ひない。それは読者が、真底紛れもない日本人だからである。そして又本書は、著者自らが青年期より厳しく雄々しく実践し、歩み来たところの魂の告白であり、これを必ずや後進に伝へ残さんと願ふ真実の書だからでもある。

松陰先生は、湊川の『嗚呼忠臣楠子之墓』を拝し、大楠公のみたまに感応された。本書の披見によって読者には、相応の目覚めのあらん事を、只管期待してやまない。

〈あしかび社刊〉

（昭和58年7月18日）

新刊紹介　皇學館大学『神宮の式年遷宮』

神宮のご遷宮は、言ふまでもなく「皇家第一の重事・神宮無双の大営」である。しかも遠く奈良時代に式年の制が確立せられてより、すでに六十一回目を迎へようとしてゐる。かかる規模の壮大、意義の深奥かつ長い歴史伝統を保持する神宮の式年遷宮を、広く国民に知らしめる事は洵に重要である一方、なかなか容易なわざではない。中でもその困難さはちゃうど、戦後生まれの若者達に天皇さまの御事を話し判らせようとする努力にも匹敵する。天皇・神宮更に神道は、本来の日本人としての教育を受けた人々にとり、全く違和感のない畏敬——つつしみ——となって生活そのものの中に溶け込んでゐるはずである。だが時代は、大きく変はって来てゐる。

有識関係者が深く苦慮する点は、まさしくここにある。しかし反面、その為の労苦は神宮の式年遷宮をより深く真剣に考へ、又明らめる絶好の機会ともなり得たと言へよう。さうした試練を克服して得た多年に亙る研鑽の結晶が、いま一冊の玉著となって出現した。このたび神宮のお膝元、伊勢の地皇学館大学より出版された『神宮の式年遷宮』がそれである。

本書は地元市民を対象に開かれた、ご遷宮についての〝月例文化講座〟を一本にまとめあげたもので、大変親しみやすく平易さが身上である。と言っても、『あとがき』に記される如く、内容は決してお座なりの概説ではなく、それぞれ専門の立場よりする深い研究の成果を踏まへたものである。

執筆陣は、古代史専攻の田中卓学長を筆頭に西山徳・谷省吾・鎌田純一・真弓常忠各教授、更に若手として渡辺寛・櫻井治男助教授が加はって、おのおの得意とする分野を担当してをられる。

目次の順にその内容を紹介すると、田中学長は「式年遷宮の起源」を、真弓教授は「神宮の祭祀と遷宮」、櫻井助教授は「お木曳とお白石持ち」、西山教授は「式年遷宮と日本の心」、渡辺助教授は「神宮の建設」、鎌田教授は「遷宮の歴史」、谷教授は「式年遷宮の意義」を執筆してゐる。

昔時、伊勢の神道は碩学の神官によって大いに世間に興った。今日、同じ伊勢の地にあって、神道学問の隆盛を目の当りに接し得る事は、ありがたくも喜ばしい。

ご遷宮まであと七年。国民に対する〃遷宮教化〃の緊要性は、日増しに昂まってゐる。出来るだけ多くの神道人や心ある有志の方々が、本書をご遷宮を知らせる格好の手引書として活用せられ、〃遷宮成就〃への赤誠を尽していただきたいものである。

〈皇学館大学出版部刊〉

（昭和61年5月26日）

読書　『言霊・八峯録』　小笠原壽久著　苦難の求道から得た金言集

青森・八甲田神社の創立者、小笠原壽久前宮司の『言霊・八峯録』が再版された。壽久翁は定彦現宮司の尊父で、明治四十一年に御誕生、八十有六歳の全生涯をかけて信仰の道を歩まれ、稀有の貴重な体験を重ねつつ神意奉行を果たされた真人である。

本書は、昭和十三年八甲田山系に厳しい修行に入ってより、数々の啓示を受け苦難の求道から得た至宝の金言集で、壽久翁を敬慕する多くの人々の希望に応へ、刊行されたものである。

構成は十五章からなり、各章とも二つから多くて三十八の短文が綺羅星の如くに散りばめられた格言、或は箴言集と言っても差し支へないであらう。その説くところは、宇宙・世界・国家・社会・家庭の広範囲に亙る神の道・人の道そして天地自然の理が、穏やかにかつ平易に明示されてゐる。
試みに心に残る本文の二、三を御紹介すると、

人住まぬ家は損傷が激しい　といふ
それは　その人と共に　家を守る神も去るからである。
神棚のない家庭・信仰の薄い家庭も　運のめぐりは薄い。

幸運の神は風船のごとし。
真心は糸のごとし。
真心の糸切れし時　風船は遠く飛び去る。

人生は人が生きる　ことにある。
人が生きて　良き花を咲かせて　実を結ぶことである。
これが　神道の人生観である。

信仰は　木を植える心構えが必要である。
枯らさぬように　虫に荒らされぬように
常に　心がけねばならない。

これらの神言は、時代世相の中に身を置いて古典を柱とし、不断の修行精進努力そして体験で愈々磨きがかけられてゐるが故に、得も言へぬ馥郁《ふくいく》とした味はひがあり、道学ぶ人に希望と勇気を与へる未来への指針ともなるであらう。

なほ、昨年出版された翁の自伝『思ひ出づるまま』をも併せて読まれると、さらに理解が深まるのではないかと思ふので附言させていただく。

〈八甲田神社刊〉

（平成14年12月2日）

読書　『神考記』　小笠原壽久著　日常生活での神異譚の数々

青森・八甲田神社の創立者、小笠原壽久宮司の『神考記』が出版された。壽久翁は定彦現宮司の尊父で、明治四十一年に御生誕、八十六歳の全生涯をかけて信仰の道を歩まれ、稀有の貴重な体験を重ねつつ神意奉行を果された真人である。

翁の著書はすでに『思ひ出づるまま』『言霊・八峯録』があるが、本書は「神を考え、神々の尊い御教を、今にして改めて記し直すことの必要性を痛感」しての執筆で、「六十年神明奉仕の老僕から子孫らへの心のなぐさめともなれかし」と綴られた集大成ともいふべき遺著である。

神は非礼を受けず――げに神の御心は、生身《なまみ》の人間には容易に推し量られぬ。その奇しき妙なる不可思議は、厳しい掟の世界でもある。特に本書は長年御神霊の随《まにま》に各地神社や遺跡等の調査より得た具体例九十九話が収められてゐる。そして多くは、我々の日常生活内での神奇・神異譚である。

近代科学の進歩と共に戦後この方、合理・実利至上主義が蔓延し、古来よりの純朴な信仰が否定或いは廃れつつある。それと共に先祖が守り伝へてくれたあまたの美しい自然樹木や、歴史の息吹を保存する遺跡や古塚を含む古建造物が容赦なく破壊されてきた。一方で、その開拓により一見整備された土地に居住する善良人の間では、原因不明のいろいろな病災や事故が多発してゐる。

両者の因果関係は、実に目に見えぬそこに憑《よ》り給ふ神霊の怒り・悲しみ・訴へ・諭しの然らしむるわざにあることを、本書は教へ説いて止まない。これを荒唐無稽と一笑に付す者もあらう。だが神の道に身を置く我らは、先人が生命懸けで会得した神理を、謙虚な気持と姿勢で対峙し、耳を傾けることも大切なのではなからうか。

わが父祖達が、山川草木万物に神性を見、感じたが為に、今猶日本の国土が生々と美しく保たれてゐるのである。筆者はいふ、物に霊性を認めぬ人間は他の動物の次元に化してしまふ。有難さ、尊さを知らない動物化した人間の終着駅は何処か、いささか気になることである、と。心を籠めて味はふべき真言である。

〈八甲田神社社務所発行〉

（平成16年7月12日）

書評『社頭講話集　お伊勢さん御遷宮』　遷宮を五分で語るためには

時機や佳し。このたび好書が上梓された。『社頭講話集　お伊勢さん御遷宮』である。かつて或る神職研修会において、「中世、多年に亙り中絶してゐた遷宮の復興に力を尽した勧進聖慶光院上人は、諸国の有力者や一般大衆に、神宮そして遷宮の重大さ、必要性をどのやうに説いて行脚されたのであらうか？」との質疑応答が交はされたことがある。中世と現代、神道衰微著しい両時代の類似性を思ふ時、前掲の質問には多くの示唆に富むものがある。

遷宮元年にあたる去る平成十六年、熊本県神社庁は「神宮式年遷宮特別委員会」を設置。そして岩下忠佳庁長以下二十人の委員は、「百聞は一見にしかず」として、まづ一泊二日の行程で「神宮研修」を敢行された。

その感激も醒めやらぬ中、各人が神威を畏みつつ、遷宮を知らない人々に平易な言葉で語る、五分間の社頭講話を念頭に構成された玉文の数々が本書なのである。

遷宮の歴史・概要、さらにはその理由と意義等々、多方面に亙る所謂「神宮式年遷宮」の研究・解説書は枚挙に遑がない。委員会の諸兄は可能な限りの群書を踏破して、真摯に取り組んでをられる。

つまるところ、各篇共遷宮の歴史・概要に加へ、「何故に千有百余年も継続し来たったのか」、そしてまた、「今後もどうして尊守されねばならないのか」といふ現代ならではの率直な疑問の解明に力が濯がれてゐるやうに思はれる。

わづか五分間で何を語るか。しかも遷宮といふ大テーマを。たぢろいでばかりをられない。我々は、ひたすら実践せねばなるまい。熊本県神社界熱誠の諸賢が揺るがぬ信仰と信念をもって言霊を通し、神宮・神道再興のために御遷宮を説いて止まない姿に、満腔の敬意を表すものである。

斯界全国の有志よ、本書を範とし七年後の御遷宮斎行にむけて、奉賛の誠を捧げようではないか。故に、各位の必読をお奨めしたい良書である。

〈熊本県神社庁刊〉
（平成18年10月２日）

書評『神道史の研究　遺芳編』久保田収著

考証の厳密さと中正穏健の解釈

久保田収先生の御高著『神道史の研究　遺芳編』が、皇學館大学出版部より上梓された。著者は言ふ迄もなく、丁度三十年を遡る昭和五十一年、六十七歳をもって惜しまれつつ帰幽なさった、中世神道研究の泰斗である。

恐縮ながら私事、戦後復興した皇學館大学の第一期生として在学中、先生には親しく謦咳に接し、かつ貴重なお教への数々に浴し得た一人である。端正にして温容、君子の風格をのづからに漂ふ沈着寡黙の尊姿は、今なほ瞼に焼き付いて離れない。

この時期私は、真の学問とは何ぞやといふことを骨の髄まで体験させられた。特に国史研究を通して、日本人延いては人間としての生き方に目覚めた思ひがする。それを導いて下さったのが、久保田先生をはじめ皇學館大学の恩師の方々であった。

○

本書は、御生前、出版の各著書に発表されなかった遺稿の神道史関係論文二十篇が収められてゐて、二部構成から成る。すなはち第一部「中世神道と古典研究」では、伊勢神道と古典にはじまり、中世における日本書紀の伝来とその研究論攷、北畠親房公の神道と学問、加へて両部・伯家の神道、中世における建国精神・神功皇后観等、至宝の諸論文が掲載されてゐる。

また第二部「神社研究」では、神宮役夫工米・学問の神としての天満天神、諏訪大社・出雲大社の中世に於ける諸展開の論述である。

筆者は、ほとんど未開の荒野であった中世神道を、その先駆者として可能な限りの分野から光を当て、或いは解きほぐして大きな不動の学業を残された。

再び私事。大学卒業後、専ら神職の道を進み折角教はった歴史研究を怠ってきた者にとり、本篇の真価を的確に評す術もないが、碩学のお言葉を借りれば、先生の学問は正しく考証の厳密さと中正穏健の解釈にあるとしなければならない。

特に中世は、外来思想たる儒教道教に加へて、密教を主体とした複雑深奥の仏教が入り交じり、各史料の真偽を確かめ、意味内容を解読するには、凡愚では到底なし得るものではない。しかしこれを、縦横無尽に駆使把握して揺るぎない論を展開されてゐるのである。

本書を披見して思ふに、近世、本居宣長翁による『古事記』の大和心の発揚があったが如く、久保田先生の御研究を通して初めて、中世北畠親房公等先人による『日本書紀』の日本精神覚醒の史実が、茲に明らかにされたことになる。

○

巻末に収められた平泉澄・谷省吾両先生による追悼・評伝は、実に有難くも尊い。これによって、久保田収先生の全御生涯の精神史を克明に辿ることができ、又偉大な御業績の確認を可能ならしめてくれるのである。まことに先生は、只管道を求めつつ歩みそしておこなふ、言業一致の人であったと断言し得る。

本書を通して、先生の内に密められた真理研究の情熱をひたと感ずるのは、果して一人私だけであらうか。

〈皇學館大学出版部刊〉
（平成19年3月5日）

新刊紹介　『芦原嚴夫遺稿集　奔流』　芦原高穂編集
一神主の「泥流と闘ひ続けた人生」

昨年八十九歳で帰幽なさった、北海道神社界の泰斗・芦原嚴夫先生の遺稿集『奔流』が、此の程、長男・高穂さんの御労によって上梓された。

先生は、旭川神社宮司として長年斯界で活躍、特に縦横無尽の健筆を奮って戦後の濁世に棹さし、我々を清流へと導いて下さった稀代の碩学である。折に触れ『神社新報』他各紙・誌上に堂々の正論を投稿されてゐたので、御記憶の方も数多くあるに違ひない。

○

本書の内容は、末広がりの八章から成る。

第一章「かんながらの道」では神道全般が、第二章の「ふるさとのあゆみ」では、生涯精魂を傾けられた北海道開拓史、就中屯田兵村の実像に迫る貴重な逸話の紹介と論考である。

屯田とは「侮を禦ぐに兵を屯し、民を植するに田を墾す」に由来するものだが、先人の血涙にじむ足跡を今の世に明らかにされてゐる。

本書中の圧巻の一つであり、その結実が神社境内地に存立する、御自身創設の財団法人旭川兵村記念館である。

第三章「まつりごとに思ふ」は、国家政治に関はる憲法・防衛或いは靖國神社問題等を取り上げ、大所高所の立場で堂々の論陣を張られてゐる。殊に近年出版の高橋哲哉著『靖国問題』に対する反論は見事で、英霊を慕ふ者にとって溜飲下がり胸すく思ひがする。

第四章は「まなびの庭」で、国旗国歌・道徳教育・教科書問題、果ては少年法にも及び、その正常化の喚起を促して余念ない。

第五章「れきしの鏡」。筆者は死線を越えて従軍、シベリア抑留の経験者である。戦歿者への思ひは尋常ならず、そして筋金入りとも言へよう。熱誠がこの章の各所に窺はれ、読む人の心を動かして止まぬ説得力を持つ。

第六章「生き来し方」は、今までと一転してほのぼのと、温かい情の伝はる思ひ出話が収められてゐる。先生のお人柄が偲ばれ親しさがふつふつと湧き上がって来る。

第七章「日々に仕えて」は祝詞集で、昨今大人気の旭山動物園起工式をはじめ十三篇。博覧強記、文才秀でた御本人ならではの優作揃ひで、万葉長歌風にして心魂揺さぶる慰霊祭詞数々は、注目に値する。第八章「おりおりの歌心」で詠まれた、御生前の和歌をも併せて味はひたいものである。

○

先生はお酒を嗜まれなかったが、「スナックでコーヒーをすゝりながらカラオケをこよなく愛しつゝ、一方では政治談義に火花を散らし」て、「泥流と闘ひ続けた人生」を送られた。只管郷土を思ひ、祖国を憂ふ大和男子の生き方に、後輩の一神主として、景仰・追慕の念無きあたはざるものを感じる。

正義を求めそれを愛する人に、是非お奨めしたい良書の一冊である。

（平成19年7月23日）

新刊紹介『火の国　水の国　阿蘇神社第91代宮司阿蘇惟之聞き書き』
島村史孝著　雄大な国史ともいへる研究成果

本書は単なる神社史でも、まして一地方史でもない。雄大な阿蘇といふ火の国・水の国、そして神の国を語る、国史そのものと言ってよいであらう。しかもそれは、第九十一代阿蘇惟之宮司が累代の御霊を背後に承《う》けて、御自身が会得された歴史の事実を淡々と、またある時は情熱を籠めて綴られ、後の世に伝へんとする魂《たましひ》の記録でもある。

歴史を語るには〝愛〟がなければならない。それは偏愛ではなく、物事を公正に洞察する慈しみに満ちた史眼とも言ふべきもので、本書の中に明らかに見出される。

繙いて、構成の妙にまづ驚かされた。冒頭南北朝の狭間に揺れる阿蘇家を語り、室町・戦国を経て清正公の神社再興、いはゆる「慶長のお取り立て」で一段落。

一転して惟之宮司自らの神主への歩み、さらに阿蘇神社の由来より火・水・信仰の山へと、果てしなく裾野は広げられる。洵に大阿蘇の真姿を顕現して余すところがない。

次に反転して、明治以降より今日までの神社の変遷に舞台は移る。加へて、この地に悠久の古より芽生え、春夏秋冬人々によって守り受け継ぎ伝へられる稲田の祭りの数々、そして大草原の未来に夢を託して終章へ。

すなはち、かの徳富蘇峰・蘆花をはじめ、数多くの文人たちが物したふるさととの文学を紹介して、余韻・微香に酔ふが如しである。

若き日惟之宮司は、伊勢の皇學館において国史学を専攻された。本書はその研究の成果を基礎に、阿蘇神社伝来の古文書類をはじめ、豊富な文献史料を縦横無尽に駆使・活用して編み出された、渾身の名著と断言したい。

〈西日本新聞社刊〉

（平成22年5月3日）

新刊紹介『特攻魂のままに　元靖國神社宮司大野俊康講演集』
大野俊康著　英霊の心を説く純忠至誠の名著

かねて景仰尊崇して止まない、靖國神社元宮司・大野俊康先生の玉書が、このほど出版された。それも、二月十一日、紀元節の日が刊行日となってゐる。この一事をとっても、本書上梓意義の重要性が感得される。

先生は、熊本県天草島の総鎮守本渡諏訪神社社家大野家第十八代宮司として、四十五年間神明奉仕を、かつ同県神社庁長もお務めになられた斯界の重鎮であられる。

平成四年には、とくに懇請されて第七代靖國神社宮司に御就任、六年間に亙り渾身真心をこめて御祭神にお仕へされた、我々神主の亀鑑とも称すべきお人である。

私事にて恐縮であるが、母幸嬰が石井寿夫先生と共に神社本庁の教化講師を務めてゐた折、大野宮司様には殊のほか御昵懇いただき、石井先生・母亡き後も神道講演全国協議会を率先牽引、種々御指導を賜って今日に至ってゐる。

○

本書の体裁は実にユニーク斬新で、編輯者の御苦労が察せられる。

冒頭に大野宮司の自作献詠和歌と、筑前今様「奇蹟のヤシの実」が掲げられ、本題名に続き、目次が配せられてゐる。

『特攻魂のままに』が書名である通り、前半は特攻隊員の壮烈・無私・沈勇・熱誠なる義挙の数々を紹介、さらに明治・大正・昭和・今上陛下の大御心・御仁愛が切々として説かれ、ありがたさに身の引き締まる思ひがする。そして結びは、「仰げ！御神勅」と〞紀元節〟の大業が迫力をもって縷々綴られ、わが神州不滅の信念が只管に貫かれてゐる。

我々は、靖國神社に毎月掲示される〞英霊の言の葉〟を拝誦するたびごとに涙し、またある時は粛然と襟を正し胸迫るものを感ずる。

本書に通じる終始変はらぬ共通の姿勢は、筆者が学徒動員として出陣辛酸を嘗められた、自らの体験を踏まへて多くの英霊たちと、加へてその御遺族に直々対談面接し見聞された史実を述べ、真に御英霊の心を心として説き明かされた純忠至誠の名著である。

果たしてこれに優る内容は、他にあるであらうか。正に〞特攻魂のままに〟生きて来られたたましひの記録であると言っても過言ではなからう。

○

今日の日本の繁栄は申す迄もなく、散華された二百四十六万六千余柱の御英霊の尊い犠牲の上に築かれたものである。戦後この方、計らずも生き残られた我々の先輩たちが、如何なる思ひで祖国復興再建に尽くされて来たか、察するに余りがある。

後に続く吾身も、はや老壮の齢。誠に忸怩たる思ひがよぎるが、不惜身命を賭して菲才微力を省みず、神国日本を確信し、尊い英霊の御功績《みいさをし》を、後々の世迄も語り伝へて行かねばならない大使命を、痛切に感じて止まない次第である。

〈展転社刊〉

（平成24年2月20日）

読書『播磨古代史論考』　廣瀬明正著

幅広い史料を提示　詳細で着実な論攷

畏友・廣瀬明正氏の玉著『播磨古代史論考』が、このほどめでたく出版された。

廣瀬氏は、兵庫県高砂市鎮座の荒井神社宮司であられる。兄《けい》は再興皇學館大学の三回生で、私の二期後輩にあたる。お互ひ学生時代から同じ大学院にも籍を置き、気心の知れる親しい仲間としてお付き合ひをいただいて、今日に至ってゐる。

〝文武両道〟とは、実に彼の為にあると言ってよい。剣道教士六段の資格を持ったもののふでもある。

大学卒業後は生田神社に奉職ののち、代々の家職荒井神社に帰られ、傍ら神社経営の白兎愛育園園長を多年務めてこられた。

今日迄『雪中の松柏』『一跌再跌この道をゆく』他あまたの著書がある。いづれも優れた識見と幅広い知識を駆使した力作で、彼の決してブレない高所からの主張は衆目に値し、炯眼の鋭さに頭の下がる思ひがする。かくて神社界を大いに導いて下さった功績は、誠に顕著なものがある。

そしてこのたび、文学博士号を授与され、その成果のあかしとして名著が茲に誕生した。

○

本書の構成は、第一章から第九章に及び、

第一章　大倭氏と明石海峡周辺

第二章　四道将軍と播磨地方

第三章　伊和大神とアメノヒボコ

第四章　播磨三国造とその古墳

第五章　播磨国風土記の世界
第六章　播磨国の前方後方墳
第七章　神功皇后と応神天皇
第八章　倭の五王時代の播磨
第九章　顕宗・仁賢天皇と播磨国
――から成り、併せて付論三編が収められてゐる。

〝あとがき〟に明記されてゐる如く、単なる一地方史の研究ではなく、ヤマト朝廷が播磨（国造などの在地勢力）と関はる問題を中心に取りあげて、それらを解明しようとしたものである。つまり、ヤマト朝廷と播磨との関係を詳細に概観したものである。

いはゆる古代史は、史料に限りがある。がしかし、著者は記紀を中心に、『播磨国風土記』をはじめその他の古文献、さらに考古学の果実を充分に取り入れ、可能な限りの史料を縦横無尽に活用して、説得力のある着実な史論が展開されてゐる。

その各論は、序・論・証・結とそれぞれ明晰に筆を進められてをり、読者もついひきこまれるたいへん魅力的な文筆の流れには唯々驚かされる。ここに廣瀬氏の真骨頂がある、と言っても過言ではあるまい。

ヤマト朝廷と一地方とを結ぶ研究史として、一石を投じられた注目の書で、その業績は限りなく大なるものがある。

○

「末は博士か大臣か」なるコトバがある。著者は学生時代から今日迄の長年に亙る、不断の努力と勤勉とにより、みごと博士になられた。卒業後、神職に専念しながらも、決して学問をおろそかにすることなく地元の〝摂播歴史研究会〟に属し、逐次研究論文をものし発表されて正に継続は力なりとなって、今日の栄冠を得られたのである。

承るに近年、重い病にも罹られた由、それを乗り越えて如何なる困難に遭遇するとも、初志貫徹の気概にはひたすら敬服して已まない次第である。そして本書によって、〝古代のロマン〟に誘はれ満喫させていただいたことを感謝しつつ筆を擱く。

〈皇學館大学出版部刊〉

（平成24年４月23日）

略年譜

昭和十六年　八月二十九日　熱田神宮宮掌　佐古舜逸・幸嬰の長男として出生
昭和四十一年　三月　皇學館大学文学部国史学科卒業
昭和四十四年　三月　皇學館大学大学院文学研究科国史学専攻修士課程修了
四月　神宮出仕
昭和四十九年　四月　神宮教学司補
昭和五十二年　四月　神宮宮掌
昭和五十三年　三月　神宮権禰宜
四月　松尾大社禰宜
昭和五十六年　七月　松尾大社権宮司

平成四年　三月　松尾大社宮司
四月　京都府神社庁副庁長（平成十三年三月退任）
八月　梨木神社宮司（兼務）
平成九年　四月　学校法人皇學館評議員
平成十年　三月　神職階位　浄階一級
七月　京都府神社庁駐在教誨師（平成二十三年三月退任）
八月　神道講演全国協議会副会長
平成十六年　二月　神職身分　特級
平成二十年　八月　学校法人皇學館理事長
平成二十三年　七月　神道講演全国協議会会長（平成二十六年七月退任）
平成二十五年　四月　松尾大社名誉宮司
五月　京都府神社庁顧問
令和二年　三月　学校法人皇學館理事長退任
四月二十三日　帰幽（享年八十歳）

主要著作一覧

〈論文〉

喜早清在の研究（上）　神道史研究　十六巻一号　昭和四十三年一月
喜早清在の研究（下）　神道史研究　十六巻二号　昭和四十三年三月
高倉山・天岩窟信仰について　瑞垣　百七号　昭和五十年十二月
大嘗祭と神宮　『大嘗祭の研究』皇學館大学出版部　所収
——特に大嘗会由奉幣について——　昭和五十三年四月刊

〈神道講演全国研修大会　講演録〉

日本再生への道　十五号　平成十二年八月
母を語る　十六号　平成十三年九月
生命の限りＧＯＧＯＧＯ！　——不死と再生の秋——　十七号　平成十四年八月
うまし世に生まれて　十八号　平成十五年六月
われら皆　同胞《はらから》　十九号　平成十六年六月

親孝行したい時に親はなし　二十号　平成十七年八月
子供の躾は大人のつとめ　二十一号　平成十八年六月
戌歳にちなんで　二十二号　平成十九年六月
五寸釘の寅吉　二十三号　平成二十年五月
神宮の祭祀と神主の使命　二十四号　平成二十一年五月
時代劇と現代　二十五号　平成二十二年五月
天皇《すめろぎ》の国　―日本文明史小論―　二十六号　平成二十三年五月
犠牲の心と英霊　二十七号　平成二十四年八月
日本人のこころ　二十八号　平成二十五年六月
巳歳談義　二十九号　平成二十七年三月
昭和天皇と南方熊楠翁　三十号　平成二十七年七月
母を語る　―神道講演講師・佐古幸嬰の生涯―　三十四号　令和元年七月

〈洛西〉―松尾大社社報―

酒銘屏風雑感	五号	昭和五十四年一月
酒歌一題	六号	昭和五十四年八月
松尾酒神の大木札	七号	昭和五十五年一月
日本第一酒造之神	八号	昭和五十五年八月
御酒は甕の上高知り	九号	昭和五十六年一月
酒神のお面	十号	昭和五十六年八月
日本酒宝船の図	十一号	昭和五十七年一月
松尾の神酒徳利	十二号	昭和五十七年七月
酒造り風景の図	十三号	昭和五十八年一月
灘五郷絵図	十四号	昭和五十八年八月
「神気」拝戴の大盃	十五号	昭和五十九年一月
酒銘書風のこと	十六号	昭和五十九年八月
樽酒振舞	十七号	昭和六十年一月
日本酒のすすめ	十八号	昭和六十年八月

養老の御神酒	十九号	昭和六十一年一月
月讀神社の相生の松	二十二号	昭和六十二年七月
酒は長寿の源	二十三号	昭和六十三年一月
女性と酒	二十四号	昭和六十三年七月
米と日本酒	二十五号	昭和六十四年一月
酒神と真清水	二十六号	平成元年七月
白酒・黒酒	二十七号	平成二年一月
酒（朱）に交われば赤くなる	二十八号	平成二年七月
酒の元日	二十九号	平成三年一月
酒三杯は身の薬	三十号	平成三年七月
酒は栄え水	三十一号	平成四年一月
ごあいさつ	三十二号	平成四年七月
年頭ごあいさつ	三十三号	平成五年一月
向夏寸言	三十四号	平成五年七月

年頭ごあいさつ	三十五号	平成六年一月
先ず神事、後他事	三十六号	平成六年七月
年頭ごあいさつ	三十七号	平成七年一月
近事雑感	三十八号	平成七年七月
年頭ごあいさつ	三十九号	平成八年一月
蘇りは鎮守の杜から	四十号	平成八年七月
年頭ごあいさつ	四十一号	平成九年一月
神道に行きる	四十二号	平成九年七月
年頭ごあいさつ	四十三号	平成十年一月
水に生きる	四十四号	平成十年七月
年頭ごあいさつ	四十五号	平成十一年一月
心の田んぼを耕す	四十六号	平成十一年七月
年頭ごあいさつ	四十七号	平成十二年一月
近時雑感	四十八号	平成十二年七月

年頭ごあいさつ	四十九号	平成十三年一月
八つ目の幸運	五十号	平成十三年七月
年頭ごあいさつ	五十一号	平成十四年一月
年頭ごあいさつ	五十二号	平成十五年一月
年頭ごあいさつ	五十三号	平成十六年一月
年頭ごあいさつ	五十四号	平成十七年一月
年頭ごあいさつ	五十五号	平成十八年一月

〈神社新報〉―主張―

日本のまつり　私観	平成六年十一月二十一日号
つつしみといつくしみの政治	平成七年四月十日号
終戦50年新たな再建へ	平成七年八月二十八日号
女性の社会参加と女子神職	平成七年十一月二十七日号
心を醸す教育を	平成八年三月二十五日号
正気は畢竟誠の字に在り	平成八年六月二十四日号

清浄と正直―内宮御鎮座二千年に思ふ―　平成八年九月十六日号

さらに深い真の宗教協力を　平成九年九月一日号

酒に学ぶ　平成九年十二月一日号

平成のお蔭参り　平成十年五月四日号

研修・教化は神道人のつとめ　平成十年八月二十四日号

真の日本人再生を期待する　平成十年十二月十四日号

日本人共有の心を求めて　平成十一年四月五日号

水に学ぶ　平成十一年七月二十六日号

神道講演に思ふ　平成十一年十二月六日号

正気時あってか光を放つ　平成十二年六月十九日号

―やまびこ―

日本酒のすすめ　平成四年五月十八日号

父よ、強くあれ　平成四年九月七日号

酒三杯は身の薬　平成四年十二月七日号

立て！日本の老壮者（前）　平成五年四月五日号
立て！日本の老壮者（後）　平成五年六月二十八日号
御遷宮と高層ビル　平成五年九月二十七日号
サッカーは野球を越えるか　平成六年一月二十四日号
酒に強くなる法　平成六年四月二十五日号

―月々の社頭講話―

七月　子供の躾は大人のつとめ　平成二十二年六月十四日号
六月　五寸釘の寅吉　平成二十三年五月十六日号

―新刊紹介―

〝いい本だから〟　幡掛正浩『食国天下のまつりこと』昭和五十四年八月二十日号
精神公害からの立直りを　石井寿夫『神と高まる〝みたま〟』昭和五十八年七月十八日号
皇學館大学『神宮の式年遷宮』　昭和六十一年五月二十六日号
苦難の求道から得た金言集　小笠原壽久『言霊・八峯録』

日常生活での神異譚の数々　小笠原壽久『神考記』　平成十四年十二月二日号

遷宮を五分で語るためには　熊本県神社庁『社頭講話集　お伊勢さん御遷宮』　平成十六年七月十二日号

考証の厳密さと中正穏健の解釈　久保田　収『神道史の研究　遺芳編』　平成十八年十月二日号

平成十九年三月五日号

一神主の「泥流と闘ひ続けた人生」　芦原高穂『芦原嚴夫遺稿集　奔流』　平成十九年七月二十三日号

雄大な国史ともいへる研究成果

島村史孝『火の国　水の国　阿蘇神社第91代宮司阿蘇惟之聞き書き』

平成二十二年五月三日号

英霊の心を説く純忠至誠の名著

大野俊康『特攻魂のままに　元靖國神社宮司大野俊康講演集』

平成二十四年二月二十日号

幅広い史料を提示　詳細で着実な論攷　廣瀬明正『播磨古代史論考』
平成二十四年四月二十三日号

―その他―

阿部信先生を偲ぶ　平成二十三年五月二十三日号
神宝　その歴史と信仰　平安時代初期の等身大坐像　平成二十四年十二月三日号

〈随筆〉

わが神主道の反省　百　船　六号　昭和五十五年一月
悠久の祈り　瑞　垣　百七十四号　平成八年七月
日本の祭り　私見　神道文化　十二号　平成十二年十月

〈座談会〉

神酒　佐古一洌　棡山林継　藤井鐵也
悠　久　百二十二号　平成二十二年一月

〈編纂〉

『庭のおしえ　佐古幸嬰神道講話集』　昭和五十二年十二月刊

編集後記

お神酒と笑ひを何よりも好まれた、佐古一洌前皇學館理事長の遺文集として、『わが神主道の足跡』をここに刊行することとなりました。

佐古前理事長は、昭和三十七年に再興された皇學館大学の一期生として、草創期の教授陣の薫陶を厚く受けられたのち、神宮、松尾大社での神明奉仕を経て母館にもどられました。宮司として理事長として、それぞれに抱へてゐた懸案を解決されるなど、その手腕を発揮されてをられます。

さらには、佐古前理事長は、一期生の卒業にともなって開設された大学院に進まれたことからも、学究肌であり、終生学問への憧れを抱いてをられました。

お神酒が用意されてゐる会合での挨拶では、「私は皇學館の学生時代には、学問に憧れ、学問の道を目指してをりました。しかし、こともあらうかいつのまにか、酒の道に踏み迷ってしまひ、今日のやうな有り様となり、慙愧に耐へません」と、少しとぼけたやうな口調でお話され、いつのまにか会場をユーモアに包んでいかれましたが、実はご自身の生き方を示されてをられたのでした。それは、酒・笑・学問の三つです。

神宮では教学司補として神宮文庫での勤務の傍ら、若手神職の勉強会の中心となられ、松尾大社では、重要文化財の御神像の常設展示館の設置や社報に神社の歴史や神道についての連載など、常に学問と向き合はれてこられました。

講演や挨拶では、お酒を始めとして様々な失敗談で多くの聴衆を惹きつけられましたが、その裏では、学問で培ったと思はれる絶え間ない努力を、日々重ねてをられたのです。講演や挨拶の原稿は余念なく準備をされることはもちろんのこと、一応の完成を見ると、ご自身で読んで私たちに聴かせていただきました。原稿について、意見を求めるといふ意図もあったとは思はれますが、推敲を重ねられた原稿に、さらに私見を呈する必要はなかったにも関はらず、そのことは欠かさず行はれました。

それは、声を出すことで、声の強弱や顔の表情などの確認をご自身でなされてゐたのだと思はれます。先述の「とぼけたやうな口調」といふのも、内容に合はせた演出だったのでせう。ある時にそのことを申し上げると、いつになく厳しい表情で、「さうだ」とだけ一言おっしゃられました。ご母堂佐古幸嬰先生が築かれた神道講演の精神を受け継がれ、演壇に立つまで精進ともいふべき努力を惜しまれませんでした。

大学、大学院では、外宮祀官の喜早清在、出口延佳を研究され、神道教化の先達ともいふべきはたらきをしたことを明らかにされてゐます。自身も国民に神道を広く知らしめ、神道復興に尽くしたいとの思ひから、研究者ではなく、神職として神道教化を担ひ、その志を果たさうとされました。さらには、研究、教育への造詣をもとに、神道講演の講師育成及び神職育成の神主道を貫かれた生涯であったのです。

本書収載の講演録を、是非声に出して読んでいただきたいと思ひます。それとともに、声や顔の表情を工夫されていかれると、自づと神道講演の手法を体得できるに違ひありません。さうすることで、佐古前理事長が実践された神道復興の道を継承していっていただきたいと思ひます。

本書の刊行にあたり、深志神社宮司牟禮　仁先生（元皇學館大学教授）の懇切なご助言と、神社新報社及び掲載誌等の関係機関各位のご理解に、厚く御礼申し上げます。

秦　昌弘

（皇學館大学）

神社新報ブックス　23

わが神主道の足跡　―佐古一洌遺文集―

本体　1,100円（税別）
令和３年８月10日　第一刷発行

著　者　佐　古　一　洌
編　集　学校法人　皇　學　館
発行所　株式会社　神　社　新　報　社
東京都渋谷区代々木１－１－２
電話　03-3379-8211.8212
印刷製本　中和印刷株式会社

落丁・乱丁本はお取替へいたします　Printed in Japan
ISBN 978-4-908128-30-1　C 3214 ¥1100 E